Ulrich Frank-Planitz
SACHSEN-SPIEGEL

Ulrich Frank-Planitz

SACHSEN-SPIEGEL

Geschichten aus Mitteldeutschland

Deutsche Verlags-Anstalt
Stuttgart

Die Deutsche Bibliothek – CIP-Einheitsaufnahme

Frank-Planitz, Ulrich:
Sachsen-Spiegel : Geschichten aus Mitteldeutschland /
Ulrich Frank-Planitz. –
Stuttgart : Deutsche Verlags-Anstalt, 1998
ISBN 3-421-05127-5

© 1998 Deutsche Verlags-Anstalt GmbH, Stuttgart
Alle Rechte vorbehalten
Satz: Uhl + Massopust GmbH, Aalen
Druck- und Bindearbeit:
Friedrich Pustet, Regensburg
Printed in Germany
ISBN 3-421-05127-5

Inhalt

Das dreifache Sachsen

Ein Vorwort zur Entwirrung

Selten in der deutschen Geschichte hat sich das Ansehen eines Landes so rasch gewandelt wie das Sachsens nach der Wiedervereinigung. Noch vor zehn Jahren war man auf seine Bewohner fast nirgendwo gut zu sprechen. Der Leipziger Walter Ulbricht spielte da ebenso eine Rolle wie der von ihm unbewußt karikierte Dialekt, aber wohl auch das »rote Sachsen« früherer Jahre, das man im SED-Regime und seinen Grenzwächtern wiederzuerkennen glaubte. In Berlin war von der »fünften Besatzungsmacht« die Rede, was zwar auf die vielen sächsischen oder doch sächselnden Funktionäre in der Parteiführung und den Ministerien im Ostteil der Stadt gemünzt war, aber eben auch ihre Landsleute in den Westsektoren traf. Kurzum, es ist für Sachsen lange Jahre besser gewesen, von ihrer Herkunft nicht viel Aufhebens zu machen.

Seit der friedlichen Oktoberrevolution von 1989 gehört es auch im Westen Deutschlands wieder zum guten Ton, Kunst und Kultur Sachsens zu bewundern, wenigstens einmal im Dresdner Zwinger, in der Semperoper und im Grünen Gewölbe gewesen zu sein und vor der Sixtinischen Madonna gestanden zu haben.

Dafür gibt es andere Probleme, die mit der verwickelten Geschichte Sachsens und seinem Namen zusammenhängen: Was haben die Länder Sachsen, Sachsen-Anhalt und Niedersachsen miteinander zu tun? Ist ihre Existenz, wird man von Ausländern manchmal gefragt, ein noch nicht korrigiertes Ergebnis der deutschen Teilung oder wurde Sachsen 1945 zerschlagen, durfte aber im Gegensatz zu Preußen seinen Namen in neu gebildete Länder einbringen?

Solche Fragen sind verständlich, die Antworten darauf kompliziert. Denn Sachsen ist im Grunde ein auf den Kopf gestelltes England, das in der Umgangssprache ja häufig für Großbritannien gebraucht wird, zu dem auch Schottland und Wales gehören. Niemand käme freilich auf die Idee, Schottland England zu nennen und England in *Süd*england umzutaufen. Genau das jedoch ist mit Sachsen geschehen: Das alte Stammesherzogtum um Hannover und Braunschweig, Altsachsen also, heißt nur deshalb *Nieder*sachsen, weil die Markgrafschaft Meißen den Namen Sachsen okkupiert hat, obwohl dort vor allem Nachkommen von Thüringern, Franken und Sorben wohnen.

Als wäre das allein nicht schwierig genug, gibt es auch noch das Land Sachsen-Anhalt, dessen südlicher Teil bis 1815 von den Meißner Markgrafen regiert wurde. Sie waren 1423 Kurfürsten von Sachsen geworden und verlegten ihre Residenz im 16. Jahrhundert von Wittenberg und Torgau nach Dresden, wodurch der Name elbaufwärts wanderte und sich auch für die Mark Meißen, für das Vogtland und die Lausitz einbürgerte. Auf dem Wiener Kongreß erhielt

Preußen mehr als die Hälfte von Kursachsen und bildete aus den westlichen Teilen seines Zugewinns mit der ehedem brandenburgischen Altmark die Provinz Sachsen, die 1947 mit dem früheren Herzogtum Anhalt zum Land Sachsen-Anhalt fusioniert wurde. Kurz vorher hatte sich die ehemalige preußische Provinz Hannover mit den Ländern Braunschweig, Oldenburg und Schaumburg-Lippe zum Land Niedersachsen vereinigt, was die Namensverwirrung vergrößerte.

In diesem Buch ist nur vom Freistaat Sachsen und von Sachsen-Anhalt die Rede – zwei Ländern, die bis auf Anhalt, die Altmark und das Erzbistum Magdeburg mit dem Saalkreis um Halle über mehrere Jahrhunderte hinweg eine politische, wirtschaftliche und kulturelle Einheit gebildet haben. Nach der Wende erschien hier einige Monate lang mit Unterstützung der DVA eine Wochenzeitung, deren Ziel die publizistische Begleitung der neu entstehenden Länder gewesen ist, die 1952 von der SED aufgelöst worden waren. Die Zeitung nannte sich nach dem berühmten mittelalterlichen Rechtsbuch »Sachsen-Spiegel«. Dessen Autor Eike von Repgow hatte sein Leben zwischen Magdeburg, Meißen und Naumburg verbracht – in jenem mitteldeutschen Raum, der sich in den meisten Geschichten dieses Buches widerspiegelt.

Zwickau, im Dezember 1997   UFP

Ost- oder Mitteldeutschland?

Zum Bedeutungswandel
von geographischen Begriffen

Kein Bayer und kein Friese hält sich für einen West-deutschen, aber drei Viertel ihrer Landsleute meinen, Sachsen, Thüringen und Sachsen-Anhalt lägen in Ostdeutschland. Vor dem Krieg verstand man darunter im allgemeinen Schlesien, Ost- und Westpreußen, mitunter auch noch Brandenburg und Pommern. Aber geographisch fest abgegrenzt war der Begriff nicht, zumal viele Brandenburger sich zu Mittel- und nicht wenige Pommern sich zu Norddeutschland hingezogen fühlten. Nach 1945 verschob sich der Begriffsinhalt allmählich nach Westen: Im Ausland hieß nun die sowjetisch besetzte Zone so, und auch in den westlichen Besatzungszonen begann man, von Ostdeutschland zu sprechen, wenn das Gebiet der DDR gemeint war.

Seitdem in Bonn offiziell von DDR die Rede war, also etwa seit Ende der sechziger Jahre, verschwand die Bezeichnung wieder. Nach dem Untergang der DDR tauchte sie erneut auf, weil die einen den kommunistischen Staatsnamen nicht einmal mehr mit dem Zusatz »ehemalig« verwenden wollen und die anderen umständliche Umschreibungen wie neue, junge oder östliche Bundesländer oder östlicher Teil

Deutschlands vermeiden möchten. Es gehören keine prophetischen Gaben dazu, um vorauszusagen, daß sich der Begriff Ostdeutschland für das Gebiet der ehemaligen DDR diesmal auf Dauer durchsetzen wird, weil er einfach, scheinbar einleuchtend und im Ausland allgemein gebräuchlich ist.

Ein ähnlicher Vorgang hat sich vor achtzig Jahren in Südtirol abgespielt, womit früher generell Tirol südlich des Brenner gemeint war, das ursprünglich bis zur Nordspitze des Gardasees reichte und damit auch die italienischsprachige Region um Trient (»Welschtirol«) einschloß. Nach 1918 wurde der Begriff zunehmend auf das mehrheitlich deutsch- und ladinischsprachige Gebiet zwischen Brenner und Salurner Klause eingeengt, das erst seit 1972 offiziell Südtirol heißt.

Aus Sachsen, Thüringern und Anhaltinern werden auch durch den Bedeutungswandel des Begriffs keine Ostdeutschen. Sie bleiben aufgrund ihrer Geschichte, ihrer Mentalität, Sprache und Kultur das, was sie seit Jahrhunderten sind: Mitteldeutsche. Sie leben in einem Raum, der vom Erzgebirge und Thüringer Wald im Süden bis zum Fläming im Norden, von der Lausitz im Osten bis zum Harz im Westen reicht und Sachsen, Thüringen und den südlichen Teil von Sachsen-Anhalt umfaßt, dessen Regierungsbezirk Magdeburg bis auf die Stadt selbst und die Börde eher zu Norddeutschland gehört, während die seit 1815 brandenburgische Niederlausitz zu Mitteldeutschland gerechnet werden kann.

Im westlichen Teil Deutschlands hat man lange Zeit aus politischen Gründen fälschlicherweise auch

Brandenburg und Mecklenburg-Vorpommern dazugezählt. Denn DDR oder gar Deutsche Demokratische Republik wollte man bis 1969 nicht sagen, Ostdeutschland hätte nach Anerkennung der Oder-Neiße-Linie ausgesehen und »die Zone«, wie es in Berlin hieß, war dann doch zu sehr Umgangssprache. Deshalb wurde entweder von der SBZ (Sowjetische Besatzungszone) oder von Mitteldeutschland gesprochen. Das mischt diesem guten alten Begriff in westlichen Ohren – vor allem der Jugend – einen Hauch von antipolnischem Revanchismus bei, auf den ein Dessauer, Gothaer oder Zwickauer überhaupt nicht gefaßt ist, wenn er in Hannover, Frankfurt oder Stuttgart nicht sagt, er komme aus Sachsen-Anhalt, Thüringen oder Sachsen, sondern aus Mitteldeutschland.

Deutschland begann in Quedlinburg

Am Harz wurde im Jahre 919 ein wichtiges Kapitel
unserer Geschichte geschrieben

Beinahe jeder kennt die ersten Zeilen der Ballade, und
die meisten haben auch die Melodie im Ohr, die Carl
Loewe aus Löbejün bei Halle an der Saale komponiert hat. Nur der Name des Wiener Dichters, der
Herrn Heinrich in Quedlinburg am Vogelherd sitzen
sah, als ihm die Königskrone angeboten wurde, ist
weitgehend in Vergessenheit geraten. Dabei hat Johann Nepomuk Vogl in Versen die Legende erzählt,
wie Deutschland im Frühjahr 919 entstanden ist:
nicht in einer Schlacht, sondern beim Vogelfang.

Erst acht Jahre zuvor war mit Ludwig dem Kind die
ostfränkische Linie der Karolinger im Mannesstamm
erloschen. Mit Herzog Konrad wurde zum ersten
Male ein König gewählt, der zwar mit dem bisherigen
Herrscherhaus verwandt, aber kein Nachkomme
Karls des Großen war. Daß die ostfränkische Krone
nicht an die in Westfranken noch regierenden Karo-
linger fiel, zeigt, wie sehr sich die einzelnen Teile des
Frankenreiches bereits verselbständigt hatten. Nur in
einem Punkt hielt man 911 an der Tradition fest:
König wurde ein Fürst aus dem Stamm, nach dem das
Reich hieß.

Nach Konrads Tod ist auch mit dieser Tradition

gebrochen worden, ja, der sterbende König soll selbst empfohlen haben, den mächtigen Herzog Heinrich von Sachsen zu seinem Nachfolger zu wählen. Damit ging die Krone an den Führer eines Stammes über, der von Karl dem Großen nur nach mehreren blutigen Kämpfen unterworfen werden konnte. Erst in diesem Augenblick wurde aus dem ostfränkischen ein deutsches Reich, in dem Franken, Sachsen, Thüringer, Bayern und Schwaben gleichberechtigt waren.

Deutschland begann also, billigt man der Legende einigen Wahrheitsgehalt zu, am »Finkenherd« in Quedlinburg, neben dem Geburtshaus Klopstocks und am Fuße des Schloßberges. Der Berg trug seinerzeit die einzige Steinburg des deutschen Staatsgründers, der sich hier am liebsten aufhielt und 936 in der Stiftskirche auch begraben wurde (gestorben ist er wie sein Sohn Otto der Große in der Pfalz Memleben an der Unstrut). Hätte der König nicht wie alle Herrscher des Mittelalters sein Amt im Umherziehen ausgeübt, könnte Quedlinburg für sich in Anspruch nehmen, die erste deutsche Hauptstadt gewesen zu sein.

Auf jeden Fall hatten sich mit der Wahl des 43jährigen Sachsen-Herzogs die Machtgrundlagen des Königtums vom Mittelrhein in den Harz verschoben, vom Westen in den Nordosten. Daß nach 1945 quer durch den Harz eine Grenze gezogen wurde, hat hier stärker als anderswo die deutsche Teilung symbolisiert: Östlich dieser Grenze lagen mit Quedlinburg und dem von Otto dem Großen bevorzugten Magdeburg die wichtigsten Pfalzen der sächsischen

Könige und Kaiser, westlich davon mit Goslar und der Harzburg die Hauptresidenzen der nächsten Dynastie, der Salier.

Dem breiten Publikum in den alten Bundesländern ist kaum bewußt, daß Quedlinburg und Magdeburg, aber auch Memleben und Merseburg, ja, ganz Sachsen-Anhalt zur politischen Urlandschaft der Deutschen gehören. (Thomas Manns Roman »Doktor Faustus« spielt nicht zufällig hier, wo die »Merseburger Zaubersprüche« gefunden worden sind, der »Sachsenspiegel« entstand und Luther, Guericke, Händel, Winckelmann, Novalis, Clausewitz, Bismarck und Nietzsche geboren wurden.) Im Westen hat man im Zuge der europäischen Einigung historisch an das Karolingerreich angeknüpft; auch deshalb verbinden die Bundesbürger dort mit Karl des Großen Lieblingssitz Aachen mehr als mit den Pfalzen am Harz.

Völlig haben sich freilich nicht einmal die Sachsen-Herrscher dem Karolinger-Glanz entziehen können. So war König Heinrich I. (von Vogel in seiner Ballade fälschlich zum Kaiser befördert) stolz darauf, daß seine Tante Luitgard die Frau eines Urenkels des großen Frankenkaisers gewesen ist. Er selbst hatte in zweiter Ehe die (später heiliggesprochene) westfälische Grafentochter Mathilde aus dem Geschlecht des legendären Sachsen-Führers Widukind geheiratet. Damit begegneten sich bei »Heinrich dem Vogler« zwei Überlieferungen, die fortan das deutsche Schicksal bestimmten: eine europäische, die in Charlemagne ihr Vorbild sah, und eine nationale, die seinen Gegner Widukind verehrte.

16

Der Schwabengau am Harz

*Sind die Fußkranken der Völkerwanderung
in Sachsen-Anhalt geblieben?*

Der Schwabengau am Harz ist kein irreführendes
Etikett wie etwa die Schwäbische Türkei in Ungarn,
wo mehr Nachkommen von Franken, Hessen, Bayern
und Pfälzern als von Schwaben leben oder doch lebten. Die Harzschwaben, in der historischen Literatur
Nordschwaben genannt, sind im Gegensatz zu den
Donauschwaben tatsächlich schwäbischer Herkunft.
Wie sie in das Gebiet zwischen Bode, Saale, Wipper
und Harz gekommen sind, läßt sich nicht mehr ganz
eindeutig klären. Nach einer älteren, neuerdings be-
zweifelten Auffassung kamen sie aus der Mark Brandenburg und aus Mecklenburg, wo sie anscheinend
zurückgeblieben waren, als die Mehrheit ihrer Stam-
mesgenossen im dritten Jahrhundert die Wanderung
nach Süden angetreten hatte und auf ihrem langen
Weg teils zwischen Lech und Vogesen, teils in Nord-
spanien landete. Offenbar mußten auch die in der
alten Heimat gebliebenen Schwaben ihre ursprüngli-
chen Sitze 350 Jahre später verlassen, als die Slawen
bis an Havel und Spree vordrangen.

Die jüngere Forschung nimmt dagegen an, daß es
sich bei den Nordschwaben um Rückwanderer aus
dem Südwesten handelt. Sie soll der merowingische

Frankenkönig Siegbert I. 569 gerufen haben, nachdem die am Harz siedelnden Sachsen ein Jahr zuvor mit dem Langobardenkönig Alboin nach Italien gezogen waren. Auch bei dieser Deutung spielt der Zustrom aus dem Osten eine Rolle, denn Siegbert wollte wohl mit Hilfe der Nordschwaben verhindern, daß die Slawen die Elbe-Saale-Linie überschritten und das entvölkerte Gebiet am Harz besetzten. Die angeblich 20 000 Sachsen, die sich den Langobarden angeschlossen hatten, verließen Italien bald wieder, weil sie dort nicht nach eigenem Recht leben durften, und kehrten 573 in das östliche Harzvorland zurück. Dort wurden sie von den Nordschwaben besiegt und dürften sich mit ihnen schließlich vermischt haben.

Für die Richtigkeit der jüngeren Forschungsergebnisse spricht, daß das Recht der Nordschwaben eine Erinnerung an ihr südwestdeutsches Herkunftsland bewahrt hat. Denn nach dem »Sachsenspiegel« war gegen ein im Schwabengau angefochtenes Urteil ein Berufungsverfahren bei einem Gericht in Südwestdeutschland möglich, obwohl doch die schwäbische Besiedlung am Harz seinerzeit schon sechseinhalb Jahrhunderte zurücklag. Sieht man von dieser Besonderheit ab, dann unterschied sich schwäbisches und sächsisches Recht nach dem »Sachsenspiegel« nur geringfügig. Ein Unterschied gibt freilich Rätsel auf. Im Landrecht des »Sachsenspiegels« steht nämlich der Satz: »Der Schwabe kann auch nicht von der Frauenseite Erbe nehmen, weil die Frauen in diesem Stamm wegen der Missetat ihrer Vorfahren alle ehrlos gemacht worden sind.«

Ein Bestseller des Mittelalters

*Eike von Repgow und sein »Spiegel der Sachsen«
wirken bis in unsere Zeit*

Weder Klopstock noch Novalis können sich mit ihm
messen, allein Luther und Nietzsche ihm das Wasser
reichen: Die Rede ist von Eike von Repgow aus dem
Dorf Reppichau zwischen Köthen und Dessau, dessen Einfluß bis in unsere Tage reicht. Er hat vor bald
achthundert Jahren das älteste größere deutsche Pro-
sawerk geschrieben, ein Sprachdenkmal, das zugleich
eines der bedeutendsten Rechtsbücher des Hochmit-
telalters, eine wichtige Geschichtsquelle und ein kul-
turhistorischer Leckerbissen ist. Die Zeitgenossen des
ostfälischen Ritters waren der staufische Kaiser
Friedrich II., die heilige Elisabeth von Thüringen,
Walther von der Vogelweide, Wolfram von Eschen-
bach und Hartmann von Aue; sein Lebensraum sind
die Städte und Dörfer, Klöster und Burgen zwischen
Magdeburg, Meißen und Naumburg gewesen.

Viel ist über den Werdegang dieses juristisch erfah-
renen und literarisch begabten Edelmannes nicht bekannt. Nur sechs Urkunden haben sich erhalten, in
denen Repgow als Zeuge genannt wird, so daß sich
einigermaßen berechnen läßt, wann er geboren sein
dürfte und wann er noch gelebt hat. Aus dem Jahre
1209 stammt die erste Urkunde, aus dem Jahre 1233

die letzte. Da er als Zeuge ein erwachsener Mann gewesen sein muß, kann man seine Geburt auf 1180/ 85 ansetzen. Daß sein etwa 1230 entstandener »Sachsenspiegel« den Mainzer Hoftag von 1235 und den dort verkündeten Reichslandfrieden nicht mehr kommentiert, gilt manchen als Indiz dafür, daß er damals schon tot war, was aber nicht recht einleuchtet, weil ihn ja entweder die Nachrichtenlage oder eine Krankheit daran gehindert haben könnten, sein Werk fortzuschreiben und darauf einzugehen.

Auch über seine Herkunft muß spekuliert werden. War seine Familie, von deren Namen, wie für diese Epoche üblich, mehrere Schreibweisen (Repchowe, Repichowe, Repkow) überliefert sind, aus dem altsächsischen Gebiet in den Sorbengau Serimunt südlich von Magdeburg eingewandert und dort als Ortsadel seßhaft geworden? 1156 und drei Jahre später werden mit Eyco und Arnold de Reppechowe die ersten Namensträger erwähnt – zunächst bei einem Gerichtstag in Anwesenheit von Markgraf Albrecht dem Bär, dann als Lehensleute des Erzstifts Magdeburg. 1227 wird ein Familienbesitz in Magdeburg genannt, wo Eike auch die Klosterschule besucht haben könnte (an Halberstadt wird in diesem Zusammenhang ebenfalls gedacht). Danach breiten sich die Repgows von ihrem anhaltinischen Stammsitz, der hinter der Dorfkirche vermutet wird, aber nicht mehr nachgewiesen werden kann, bis in die Mark Brandenburg und nach Kursachsen aus. Erst 1812 stirbt das Geschlecht mit dem preußischen Major Johann von Reppichow im Mannesstamm aus.

Über die soziale Stellung Eike von Repgows liegen

ebensowenig gesicherte Informationen vor wie über seine Lebensdaten und seine Herkunft. War er ein edelfreier Ritter oder gehörte er zu den unfreien Dienstmannen, die eine beamtenähnliche Position innehatten und im 13. Jahrhundert allmählich in den Adel aufstiegen, um schließlich mit ihm zu verschmelzen? Daß Repgow den Grafen Hoyer von Falkenstein, der bei ihm die Übersetzung des ursprünglich lateinisch geschriebenen Werkes in die niederdeutsche Volkssprache angeregt hat, als seinen »Herrn« bezeichnet, könnte auf seinen Status als dessen Dienstmann hindeuten, ist aber eher unwahrscheinlich. Denn zum einen kann es sich um einen höflichen Hinweis darauf handeln, daß er von ihm ein Lehen empfangen hat; zum anderen erscheint Repgow als Zeuge neben Edelfreien. Und schließlich geht aus dem »Sachsenspiegel« selbst hervor, daß er dem neuen Stand skeptisch gegenübersteht.

Eike von Repgow war kein gelehrter Jurist, er hat lediglich das mündlich überlieferte Gewohnheitsrecht aufgeschrieben, in dem sich mangels akademisch ausgebildeter Richter und Anwälte damals auf Kommunal-, Kreis-, Landes- und Reichsebene unendlich mehr Menschen auskennen mußten als heute. Daß er ein weitverbreitetes Bedürfnis stillen konnte, läßt sich an den unendlich vielen Abschriften ablesen, von denen nur ein Bruchteil bekannt ist, obwohl es sich dabei immerhin schon um zweihundert Exemplare handelt. Der »Sachsenspiegel« wurde bald als amtliches Gesetzbuch benutzt und war auch die Vorlage für oberdeutsche Kodifikationen wie den »Schwaben-« und den »Deutschenspiegel«. Dabei gab er altsächsische Bestimmungen wieder, während dort fränkische die Regel waren.

Auf Repgows Werk basieren auch das Meißner Rechtsbuch und das Magdeburger Stadtrecht. Seine Geltung erstreckte sich von den Niederlanden bis weit hinein nach Polen, Ungarn und Rußland. Vierzehn seiner Artikel wurden 1374 von Papst Gregor XI. durch eine Bulle verdammt. Trotzdem blieb das Werk in Anhalt und Thüringen, wo es dem römischen und kanonischen Recht vorging, bis zur Jahrhundertwende in Kraft. Einige seiner Vorschriften wurden sogar ins Bürgerliche Gesetzbuch übernommen und sind dadurch noch heute in Deutschland geltendes Recht.

Die Bedeutung von Repgows »Spiegel der Sachsen« reicht freilich weit über seine kaum zu überschätzende Rechtswirkung hinaus, weil seine Übertragung ins Niederdeutsche die Volkssprache auch in Prosaform gewissermaßen salonfähig gemacht hat. Vor diesem Hintergrund ist er neben der ein knappes Jahrhundert später entstandenen Manessischen Liederhandschrift ein überaus wichtiger Beitrag zur deutschen Literatur – ein sehr plastisch formuliertes mittelalterliches Sachbuch, das zudem vor der Erfindung der Druckkunst zum vielzitierten Bestseller avancierte.

Der Brand in der Lochau

Im 15. Jahrhundert traf die Askanier
ein Unglück nach dem andern

Die Namen der sechs Edelknaben kennt keiner mehr, und auch der Hofmeister ist längst vergessen. Nur an die sächsischen Prinzen Wenzel und Sigmund erinnern manche Geschichtsbücher. Sie wurden zusammen mit den unbekannten Edelknaben und dem namenlosen Hofmeister vor beinahe sechshundert Jahren im Schloß Schweinitz an der Schwarzen Elster im Schlafe von einem einstürzenden Turm erschlagen.

Man schrieb das Jahr 1406. In Wittenberg regierte seit 1388 der prachtliebende, mit allen und jedem verstrittene Rudolf III., Kurfürst des Heiligen Römischen Reiches Deutscher Nation und Herzog von Sachsen.

Rudolf hatte 1406 bereits seinen ältesten Sohn verloren. Doch nicht genug damit: Seine Mutter Siliola (Cäcilie), die Witwe des Kurfürsten Wenzel, erfuhr im selben Jahr, daß ihr gesamtes Geschlecht von Herzog Filippo Maria Visconti ausgerottet worden war. Ihren Vater, den Reichsvikar Francesco Carrara, als Podestà Regent von Padua, und seine beiden Söhne hatte der mit Venedig verbündete Herzog von Mailand gefangennehmen, in einen Käfig sperren und schließlich erdrosseln lassen.

Die von den ersten Strahlen der Renaissance und der Sonne des Südens verwöhnte Siliola, in ihrer Jugend mit Italiens Dichterkönig Petrarca befreundet, zog sich auf ihr schlichtes Schloß Zahna an den Ausläufern des Fläming zurück. Hier, in ihrem »Leibgedinge«, zwischen den stroh- oder schindelgedeckten Häusern einer reizlosen Ackerbürgerstadt und unter den rauhen Nachkommen flämischer Kolonisten hoffte sie, nach einem schweren Leben Ruhe zu finden.

Doch der hochgebildeten Italienerin blieb nichts erspart. Zunächst wurde, dreizehn Jahre nach dem Unglück von Schweinitz, ihr Sohn Rudolf in Böhmen Opfer eines Giftmordes. Kurz darauf starb auch sein Bruder, als Albrecht III. seit 1419 Kurfürst und Herzog von Sachsen. Er war im Sommer 1422 nach einem Jagdausflug in seinem Heideschloß Lochau früh zu Bett gegangen. Mitten in der Nacht, während alles längst im tiefsten Schlummer lag, wurde einer der kurfürstlichen Jagdhunde unruhig und weckte seinen Herrn. Albrecht sah, daß das ganze Schloß in Flammen stand und konnte gerade noch seine Frau retten, mußte aber hilflos mitansehen, wie fünfzehn seiner Ritter und Diener im Feuer umkamen.

Der Kurfürst hatte durch den Brand in der Lochau offenbar einen Schock erlitten. Jedenfalls erholte er sich von dem furchtbaren Ereignis nicht mehr und starb im November 1422 in seinem Residenzschloß Wittenberg. Die Nachwelt bedachte ihn mit dem Beinamen »der Arme«, weil seine Finanzen zerrüttet und seine Schlösser baufällig waren. Am Ende seines Lebens bestand sein Hofstaat nur noch aus vier alten Dienern.

Die Herzöge von Sachsen gehörten ohnehin zu den ärmeren Reichsfürsten. Ihr Besitz um Wittenberg, die Pfalzgrafschaft Sachsen um Sangerhausen und Allstedt in der Goldenen Aue, die Burggrafschaft Magdeburg und die Grafschaft Brehna zwischen Mulde und Schwarzer Elster waren, gemessen an anderen Fürstentümern, relativ klein und wirtschaftlich zudem schwach. Wichtig war der Herzog, weil ihm das Recht zur Beteiligung an der Königswahl zustand.

Es wurde zum ersten Mal um 1230 im »Sachsenspiegel« Eike von Repgows verbrieft, wo es im dritten Buch heißt, bei der Kur, also der Wahl, »soll der erste der Bischof von Trier sein, der zweite der Bischof von Mainz, der dritte der Bischof von Köln. Unter den Laien ist der erste an der Kur der Pfalzgraf vom Rhein, des Reiches Truchseß; der zweite, der Marschall, ist der Herzog von Sachsen; der dritte, der Kämmerer, ist der Markgraf von Brandenburg.«

Nach dem »Sachsenspiegel« waren noch alle Reichsfürsten wahlberechtigt, was sich schon 1257 bei der Doppelwahl von Richard von Cornwall und Alfons von Kastilien änderte. Seitdem galten allein die Oberhirten von Trier, Mainz und Köln, der rheinische Pfalzgraf, der sächsische Herzog, der brandenburgische Markgraf und der böhmische König als Wähler. (Den Böhmen hatte Repgow noch ausdrücklich ausgeschlossen, »weil er kein Deutscher ist«.) Diese sieben Kurfürsten wurden nach der »Goldenen Bulle« Kaiser Karls IV. 1356 endgültig die einflußreichsten Landesherrn in Deutschland. Beim Tode oder bei Regierungsunfähigkeit des Königs nahm der Pfalzgraf bei Rhein dessen Rechte bis zur Neuwahl als

Reichsvikar in den Ländern des fränkischen Rechts, also im Westen und Süden, wahr, der Herzog von Sachsen im sächsischen Rechtskreis, also im Norden und Osten.

Warum im Kurverein Schwaben, Bayern und Österreich fehlten, ist bis heute nicht recht erklärlich. Daß der Sachsen-Herzog Zugang zu dem erlauchten Kreis fand, führen einige auf Repgows Rechtsbuch und seine weitreichende Wirkung, andere auf seine erlauchten Vorfahren und auf seine besondere Stellung zurück: Einer seiner Vorgänger, Heinrich I., war der erste nichtfränkische deutsche König, und bis zum Sturz Heinrichs des Löwen im Jahr 1180 hatten fast alle Amtsinhaber eine heraussragende Rolle gespielt.

Der sächsische Gegenspieler des Löwen, Albrecht der Bär, wurde Gründer der Mark Brandenburg und schuf so die Grundlagen für das spätere Kurfürstentum. Sein jüngster Sohn Bernhard erbte die Grafschaften Anhalt und Aschersleben im Schwabengau am Nordostrand des Harzes. Nach der latinisierten Form von Aschersleben, Ascharia, und in Anspielung auf den antiken Ascanius, den Sohn des trojanischen Helden Äneas, nannte sich sein Geschlecht Askanier.

1180 wurde Bernhard anstelle Heinrichs des Löwen Herzog von Sachsen, doch mußte er auf dessen Erblande um Braunschweig und Lüneburg ebenso verzichten wie auf das ehedem sächsische Westfalen, das an den Erzbischof von Köln fiel. So blieb dem neuen Herzog praktisch nur der östliche Teil Altsachsens bis an Elbe und Saale; dazuerwerben konnte er im Laufe der Zeit lediglich Gebiete um Lauenburg und Ratzeburg im Norden und die Region um Wittenberg im Osten.

Unter Bernhard wurde der grüne Rautenkranz vor den schwarzen Balken von Ballenstedt (dem ältesten Besitz der Askanier) auf goldenem Hintergrund zum sächsischen Wappen – der Legende nach durch Kaiser Friedrich Barbarossa, der einen solchen Kranz auf dem Kopfe trug, als der frisch ernannte Herzog um ein Wappen oder eine Wappenbesserung bat. Ein Jahrhundert danach tauchten dann auch die roten Kurschwerter im Wappen auf. Sie symbolisierten, daß die sächsischen Kurfürsten als Erzmarschälle des Reiches das Vorrecht genossen, dem König bei der Krönung das Schwert Karls des Großen voranzutragen (als blaue Schwerter finden sie sich seit 1725 auf dem Meissener Porzellan).

Damals hatten sich die Askanier bereits in zwei Linien und einen Seitenzweig aufgespalten. Die eine Linie hieß nach der Burg Anhalt über dem Selketal bei Harzgerode und regierte bis 1918, zuletzt von Dessau aus; die andere, die kurfürstliche Linie, trug den Namen des gesamten Herzogtums, seit 1261 mit dem Zusatz Wittenberg, weil sich dorthin ihr Schwerpunkt verlagert hatte und seitdem der Besitz an der Unterelbe als Herzogtum Sachsen-Lauenburg verselbständigt worden war. (Der Lauenburger Zweig erlosch im Mannesstamm Ende des 17. Jahrhunderts, die Wittenberger Linie schon zweihundertsechzig Jahre früher.)

Angesichts dieser Zersplitterung ist es nicht weiter verwunderlich, daß Albrecht III., der achte Askanier-Herzog von Sachsen, mit leeren Kassen verstarb. Er hinterließ aber auch keine männlichen Erben, so daß Sachsen-Wittenberg als erledigtes Lehen an das Reich zurückfiel – eine seltene Gelegenheit für den römisch-deutschen Herrscher, im Kollegium der Kurfürsten einen Mann unterzubringen, der sein Parteigänger war.

Zunächst freilich mußte er sich mit den Ansprüchen auseinandersetzen, die Herzog Erich V. von Sachsen-Lauenburg sowohl aus der eigenen Familiengeschichte wie aus einer ihm 1414 vom König erteilten Anwartschaft ableitete. Auch Kurfürst Friedrich I. von Brandenburg, als erster Hohenzoller 1415 mit der Mark belehnt, führte Erbansprüche ins Feld, weil sein Sohn Johann mit einer Tochter Rudolfs III. verheiratet war. In beiden Fällen konnten die Ansprüche rechtlich nicht zweifelsfrei untermauert werden – einmal, weil die weibliche Erbfolge dabei nicht ausschlaggebend war; zum anderen, weil sich die königliche Anwartschaft der Lauenburger auf Wittenberg als eine Fälschung entpuppte, die von der Reichskanzlei erst im Todesjahr Albrechts III. versehentlich ins Reichsregister aufgenommen worden war.

Die Rechtslage hatte den mit dem König befreundeten Brandenburger allerdings nicht davon abgehalten, das verwaiste Herzogtum in der Nachbarschaft kurzerhand zu besetzen. So glaubte er die Entwicklung der Dinge in aller Ruhe abwarten zu können, zumal sich Herzog Erich gerade außer Landes befand. Die »Erbverbrüderung«, die Sachsen-Wittenberg und Braunschweig-Lüneburg 1389 geschlossen hatten und die im Falle des Erlöschens eines der

28

Herzoghäuser im Mannesstamm die Nachfolge des anderen vorsah, schien Kurfürst Friedrich I. nicht zu bekümmern; auch einen weiteren Bewerber, den Kurfürsten Ludwig von der Pfalz, nahm er nicht ernst.

Er hatte jedoch die Rechnung ohne den Markgrafen Friedrich den Streitbaren von Meißen, den Gründer der Universität Leipzig, gemacht, der zwar Erzjägermeister war, aber keinen Kurhut besaß. Der Markgraf aus dem Hause Wettin erinnerte sich gut, wie sein brandenburgischer Namensvetter fünf Jahre zuvor auf dem Konzil von Konstanz in den Kreis der Königswähler aufgenommen worden war, ihm selbst jedoch nur ein Teil seines Erbes bestätigt wurde. Dennoch stellte er sich 1420 auf die Seite des römisch-deutschen Königs (und späteren Kaisers) Sigmund, als die Anhänger des in Konstanz verbrannten Reformators Jan Hus aufstanden und Prag besetzten. Nun erst erhielt der Wettiner auf freiem Felde vor der goldenen Stadt jene Lehen, die Sigmund als König von Böhmen zu vergeben hatte.

Fortan bewährte er sich als militärische Stütze im Kampf gegen die Hussiten, die über Böhmen und Mähren hinaus Österreich, Bayern, Schlesien, Brandenburg, die Markgrafschaft Meißen und selbst Ungarn angriffen, dessen Krone Sigmund ebenfalls trug. Der streitbare Friedrich konnte also sicher sein, daß dem bedrängten König bei aller Freundschaft an ihm mehr lag als an dem gegenüber den Hussiten erfolglosen Kurfürsten von Brandenburg, der aus dem Hause der wenig begüterten Burggrafen von Nürnberg kam und auch in der Mark keine Reichtümer sammeln konnte. Deshalb warf er nun ebenfalls seinen Hut in den Ring – hoffend, ihn als Kurhut zurückzubekommen.

Seine Spekulation ging auf. Sigmund war durch den Aufstand der Hussiten in einer anderen Lage als auf dem Konstanzer Konzil. Ihm mußte nun daran gelegen sein, daß die Wettinischen Lande ein starkes Bollwerk gegen seine tschechischen Gegner bildeten.

Das erzgebirgische Silber, das Friedrichs Hofmarschall Apel Vitzthum mit zu den Verhandlungen an den ungarischen Königshof gebracht hatte, wo sich Sigmund wieder einmal aufhielt, tat ein übriges: Schon am 6. Januar 1423 wurde Friedrich in Ofen, dem heutigen Budapest, mit Kursachsen belehnt und zum Erzmarschall des Heiligen Römischen Reiches Deutscher Nation ernannt. Mit den Brandenburgern wurde der neue Kurfürst rasch handelseinig: Sie ließen sich die Räumung des Herzogtums Sachsen-Wittenberg ebenfalls »versilbern«.

Wer denkt noch daran, daß der Brand in der Lochau am Beginn des Aufstiegs der Wettiner in das Quintett der führenden deutschen Fürstenhäuser stand? Weder das alte Jagdschloß noch sein Name hat die Zeit überdauert – das Schloß, in dem 1525 Luthers Schutzherr Friedrich der Weise starb, wurde Ende des 16. Jahrhunderts von Kurfürst August durch einen Neubau ersetzt und nach seiner dänischen Gemahlin Annaburg genannt. Schloß Schweinitz, das Todeslager von Friedrich des Weisen Bruder und Nachfolger Johann dem Beständigen, ließ August abtragen, als Ziegel für den Bau einer großen Mauer um den Annaburger Tiergarten fehlten. Und Schloß Zahna, der Witwensitz der Kurfürstin Siliola, verfiel seit Mitte des 15. Jahrhunderts – schon wenige Jahre nach dem Tode der unglücklichen Italienerin, die als Greisin noch miterlebte, wie Ehemann und Schwiegervater ihrer Enkelin das Herzogtum dem reichen Nachbarn im Süden überlassen mußten.

Das Unglück der Askanier wirkte über Siliolas Tod im Jahre 1429 hinaus fort: 1437 starb als Kind Prinz Heinrich, der Sohn des Herzogs Erich V. von Sachsen-Lauenburg. Er stürzte vor dem heute noch bestehenden Gasthaus »Zur Krone« im württembergischen Weikersheim aus einem Reisewagen und war sofort tot. Auf ihn hatten sich die Hoffnungen der Askanier konzentriert, die Entscheidung von 1423 zu korrigieren und die Kurwürde zurückzugewinnen.

Unter dem Wappenbaldachin des Epitaphs in der Weikersheimer Kirche steht die hier »Sachsenprinzle« genannte Figur eines Knaben mit zum Gebet erhobenen Händen. Oben links fällt das schwarzgoldene Schild mit dem grünen Rautenkranz besonders auf. Kaum jemand erinnert sich dabei an die Askanier, obwohl das Herzoghaus von Anhalt den Rautenkranz (zusammen mit dem roten Adler von Brandenburg) noch führt – so stark ist der schwarze Meißner Löwe bei den Wettinern seitdem in den Hintergrund getreten.

In Indien wurden die Wettiner Kaiser

*Die älteste Dynastie Deutschlands und die
erfolgreichste der Welt*

Waren die Wettiner, wie es im »Sachsenspiegel«
heißt, tatsächlich Schwaben? Die entsprechende Pas-
sage soll zwar nach Auffassung einiger Gelehrter
nicht von Eike von Repgow selbst stammen, sondern
später hinzugefügt worden sein, aber die Frage ist
damit ja nicht erledigt. Die jüngere Forschung über
die Herkunft dieses Fürstengeschlechts geht vielmehr
davon aus, daß ihr Ahnherr Graf Dedi, der 982 im
Heere Kaiser Otto II. in Kalabrien gefallen ist, den
schwäbischen Herzog Burchard I. zum Großvater
hatte: Sein gleichnamiger Vater könnte 926 ins ostfä-
lische Sachsen gekommen sein, wo er möglicherweise
eine Adlige aus einer führenden Sippe des Liesgaus bei
Göttingen geheiratet hat.

Hier und im Harzgau zwischen Goslar und Halberstadt wurden schon bisher die Vorfahren der Wettiner vermutet, die sich seit dem 11. Jahrhundert nach
der wohl ursprünglich slawischen Burg Vit (Willkom-
men) am Oberlauf der Saale nennen; sie hieß im 10.
Jahrhundert Vitin. Mit ihr waren sie einige Jahrzehnte zuvor von ihrem Verwandten Rikdag, um 983
kurze Zeit Markgraf von Meißen, belehnt worden.

Graf Dedi, dessen Name die Koseform für Dietrich

ist, wird in der berühmten Chronik des Bischofs Thietmar von Merseburg erwähnt, der von 975 bis 1018 gelebt hat, also beinahe ein Zeitgenosse des ersten sicher bezeugten Vorfahren der Wettiner war. Dedis 1091 gestorbener Urenkel Thimo war der erste Graf von Wettin; dessen Sohn Konrad I. (der Große) begründete 1123 die Machtstellung der Wettiner mit dem Erwerb der Mark Meißen, die seit 1089 im Besitz einer anderen wettinischen Linie, der Grafen von Eilenburg, gewesen war und von Konrads Nachkommen bis 1918 behauptet werden konnte. Mitte des 13. Jahrhunderts wurden die Markgrafen von Meißen auch Landgrafen von Thüringen und Pfalzgrafen von Sachsen. 1423 erreichten sie den Höhepunkt ihrer Macht, als Friedrich der Streitbare Herzog von Sachsen(-Wittenberg) und damit einer der sieben Kurfürsten des Heiligen Römischen Reiches Deutscher Nation wurde.

Bereits sechzig Jahre später begann mit Friedrichs Enkeln Ernst und Albrecht der Abstieg. Sie zerschlugen den damals nach den Ländereien der Habsburger bedeutendsten Territorialstaat des Reiches in einen ernestinischen und einen albertinischen Teil. »Im Rückblick der Geschichte«, hat dazu der Dresdner Historiker Karlheinz Blaschke 1991 geschrieben, »läßt sich der Aufbau einer einheitlichen, geschlossenen politischen Ordnung im Flußgebiet der Saale und mittleren Elbe als die große Aufgabe (die im dauerhaften Besitz des Erzstiftes Magdeburg gipfeln sollte – *UFP*) ansehen, die allen einzelnen Machterweiterungen der Wettiner einen tieferen Sinn und eine historische Berechtigung gab. Dies war ihr geschichtlicher Auftrag. Sie haben es selbst verschuldet, daß sie ihm nicht voll gerecht geworden sind, denn in der Leipziger Teilung von 1485 wurde der schon greifbar vor Augen stehende Erfolg ein für allemal verspielt. Das war die größte Fehlleistung in der Geschichte des Hauses Wettin.«

Diese Fehlleistung konnte auch der Aufstieg der albertinischen Linie zu Königen von Polen Ende des 17. Jahrhunderts nicht korrigieren. Das nur sieben Jahrzehnte während polnische Abenteuer kam Sachsen finanziell und vor allem politisch teuer zu stehen, denn fast gleichzeitig legte Brandenburg-Preußen die Grundlagen zu seinem Aufstieg als zweite deutsche Großmacht. Die Herzöge von Sachsen-Coburg-Gotha aus der ernestinischen Linie operierten im 19. Jahrhundert mit ihrer Heiratspolitik glücklicher: Ihre männlichen Nachkommen wurden Herrscher von Belgien (seit 1831), Portugal (1853 bis 1910), Bulgarien (1887 bis 1944) und Großbritannien (seit 1901), was allerdings vor allem der fürstlichen Familie und kaum ihrem kleinen Land zugute kam.

Anfang des Jahrunderts war mehr als ein Viertel der Weltbevölkerung auf mehr als einem Viertel der Landfläche der Erde Untertanen von fünf wettinischen Königen, einem wettinischen Großherzog (Sachsen-Weimar-Eisenach) und drei wettinischen Herzögen (Sachsen-Coburg und Gotha, Sachsen-Altenburg und Sachsen-Meiningen). Der britische König Edward VII. wurde 1901 auch das, was seine Vorfahren und Verwandten im römisch-deutschen Reich in vier Anläufen (1268, 1347, 1519 und 1740) nie geworden waren: Kaiser, wenn auch im fernen

Indien. Diesen Titel hatte seine Mutter, die mit dem Coburger Prinzen Albert verheiratete Queen Victoria, selbst die Tochter einer Coburgerin, 1876 angenommen.

Victorias zweiter Sohn Alfred wurde 1893 Herzog von Sachsen-Coburg und Gotha, nach seinem Tode 1900 folgte ihm sein Neffe Carl Eduard, ein Enkel der Queen. Sowohl Alfred als auch Carl Eduard waren als englische Prinzen erzogen worden und galten in Deutschland als Ausländer. Nach 1914 wurde Carl Eduard deshalb sowohl in Berlin als auch im eigenen Herzogtum von deutsch-nationalen Kreisen unter Druck gesetzt, weshalb er die in Belgien und Großbritannien herrschenden Zweige der Coburger, deren Länder mit dem Deutschen Reich Krieg führten, von der Erbfolge ausschloß. Sein Vetter, der mit der württembergischen Prinzessin Mary von Teck verheiratete König Georg V., wählte daraufhin 1917 für den britischen Zweig seines Hauses unter Verzicht auf seine sächsischen Titel das Pseudonym Windsor, was auch der antideutschen Stimmung und der Furcht vor revolutionären Aktionen gegen die Monarchie Rechnung trug. Nichts hätte deutlicher den Bruch zwischen dem dynastischen und dem nationalen Prinzip demonstrieren können.

In Deutschland war ein Jahr später die Zeit der Monarchie tatsächlich vorbei. Auch Sachsens populärer König Friedrich August III. mußte am 13. November 1918 abdanken. Daß er bei dieser Gelegenheit einer Delegation, die ihm den Thronverzicht nahelegte, gesagt haben soll: »Dann macht Euern Dreck alleene« entspricht zwar nicht der Wahrheit, traf aber das Bild nur zu gut, das sich seine Untertanen von ihm machten. Deshalb steigerte der angebliche Ausspruch seine Volkstümlichkeit noch und wird bis heute immer wieder zitiert. Vor diesem Hintergrund ist es kein Wunder, daß Gustav Stresemanns Deutsche Volkspartei 1929 den Prinzen Ernst Heinrich, den zweiten Sohn des Königs, als Kandidaten für das Amt der Reichspräsidenten anstelle von Hindenburg gewinnen wollte – ein Plan, der wie alle anderen zuvor, einen Wettiner an die Spitze des Reiches zu berufen, scheiterte: Der Prinz weigerte sich (wie Markgraf Friedrich der Ernsthafte 1347 und Kurfürst Friedrich der Weise 1519), die (aussichtslose) Kandidatur anzunehmen.

Den hohen Rang, den die Wettiner auch ohne Kaiserkrone erreichten, beweisen ihre zahlreichen Heiraten mit Angehörigen von Königshäusern und des jeweils regierenden Herrscherhauses im Heiligen Römischen Reich. Außerdem waren sie wie die Habsburger, die Hohenzollern, die Wittelsbacher und die Welfen zu Beginn des 19. Jahrhunderts in den wichtigsten Gremien des alten Reiches vertreten – sowohl im Kurfürstenkollegium (als Herzöge von Sachsen) als auch im Reichsfürstenrat (als Markgrafen von Meißen und Inhaber thüringischer Herzogtümer), was sie als eine der fünf mächtigsten deutschen Dynastien ausweist. Sie sind unter diesen großen Herrschergeschlechtern in gerader Linie das älteste: Die Welfen erscheinen zwar um 800, sind aber bereits 1055 im Mannesstamm erloschen und haben ihren Namen dann in der weiblichen Erbfolge beibehalten. Ähnlich erging es den Habsburgern, die sich Mitte des

10. Jahrhunderts nachweisen lassen und 1740 aus-
sterben; ihren Familiennamen übernimmt Maria
Theresias Gemahl Franz von Lothringen. Die Hohenzollern betreten erst 1061, die Wittelsbacher noch
achtzehn Jahre später die historische Bühne, während
die Wettiner sich auf ihren Ahnherrn Dedi berufen
können, der 982 an der Seite Otto II. erscheint.

Mehr als ein Jahrtausend ist seitdem vergangen, in
dem der Blutsanteil jenes schwäbischen Einwande-
rers Burchard oder des Grafen Dedi an den heute
lebenden Wettinern längst auf wenige Millionstel ver-
dünnt ist – und trotzdem finden sich nicht nur beinahe überall in Sachsen, Sachsen-Anhalt und Thüringen Spuren dieser erfolgreichsten Dynastie Deutschlands. Sie beschäftigt auch nach wie vor die Phantasie
der Menschen, wie sich schon vor dem Tode der
Fürstin Diana von Wales und erst recht danach gezeigt hat, selbst wenn dabei das Urteil des Publikums
nicht zugunsten des britischen Königshauses ausfiel.
Doch bringt eben keine Familie in mehr als dreißig
Generationen nur Lichtgestalten hervor – mit dem
nicht unwichtigen Unterschied, daß die meisten anderen, wenn von ihnen ausnahmsweise elf Jahrhunderte
lang überhaupt die Rede ist, nicht permanent im
Blickfeld der Öffentlichkeit stehen.

Ein Land wie Baden-Württemberg

Sachsen-Thüringen mit Weimar
als Hauptstadt von Mitteldeutschland

Niemand kann einem Engländer ungestraft sagen, er
spreche amerikanisch. Doch die Thüringer sollen es
hinnehmen, wenn ihnen unterstellt wird, daß sie
sächseln. Dabei kamen die meisten Deutschen, die
das seinerzeit von slawischen Stämmen bewohnte Gebiet östlich der Saale vom 10. Jahrhundert an koloni-
sierten, aus dem benachbarten Thüringen – so wie die
meisten Europäer, die Nordamerika besiedelten, sich
englisch verständigten, auch wenn sie nicht aus Bri-
tannien, sondern aus Irland stammten. Heute spricht
man in den USA deshalb Englisch, wenn auch mit
amerikanischem Akzent. Wäre es dann nicht folgerichtig zu sagen, daß im Dreieck zwischen Dresden,
Halle und Zwickau Thüringisch mit obersächsischem
Akzent gesprochen wird?

Wer das feststellt, begibt sich in ein psychologisch
vermintes Gelände. Zwar hätten die Sachsen wohl
keine große Schwierigkeit damit, sprachlich für Thüringer gehalten zu werden, weil sie das Ansehen ihrer
Mundart im übrigen Deutschland ziemlich genau ein-
schätzen können. Jedenfalls wissen sie, daß seit Goethes Studentenzeit in Leipzig die Wertschätzung des
Sächsischen immer weiter abgenommen hat. Wäh-

rend der Herrschaft Ulbrichts erreichte sie ihren absoluten Tiefpunkt, von dem sie sich seit der Kerzenrevolution erst allmählich zu erholen beginnt. Aber das Sächsische ist nun einmal bekannter als das Thüringische, es wird auch von mehr Menschen gesprochen, so daß es selbst in Weimarer Dialektgeschichten schon vor siebzig Jahren hieß: »In der Sprechmelodie ähnelt die Thüringer Mundart dem Sächsischen.« Nahe stehen sich beide Mundarten als Teile der ostmitteldeutschen Sprachlandschaft ohnehin.

Die ethnisch unerklärliche Vorherrschaft der Sachsen hat dynastische Gründe, die in den letzten acht Jahrzehnten vielfach vergessen worden sind: Der größte Teil Thüringens wurde bis 1918 von sächsischen Fürsten regiert, die ihre Herzogtümer nach ihrer Herkunft nannten, das Wappen mit dem grünen Rautenkranz führten und bis auf eine Ausnahme auch dieselben Landesfarben verwendeten. Die Landgrafschaft Thüringen – im 5. Jahrhundert der Kern eines eigenen, später von den Franken unterworfenen Königreiches – war Mitte des 13. Jahrhunderts an die Markgrafen von Meißen aus dem Hause Wettin gefallen, die 1423 auch Kurfürsten von Sachsen wurden.

1485 teilten die Brüder Ernst und Albrecht von Wettin ihr Erbe in Leipzig untereinander auf. Die Nachkommen Albrechts, die Albertiner, hielten ihr Erbe zusammen und regierten es von Dresden aus. Die Nachkommen von Ernst, die Ernestiner, hatten bei der Teilung von 1485 den Löwenanteil des wettinischen Besitzes in Thüringen erhalten. Sie teilten weiter, so daß hier bei Ende des Ersten Weltkrieges neben den Fürstentümern Reuß und Schwarzburg sowie preußischen Gebieten vier Kleinstaaten der ernestinischen Wettiner bestanden: das Großherzogtum Sachsen-Weimar-Eisenach und die Herzogtümer Sachsen-Coburg und Gotha, Sachsen-Altenburg und Sachsen-Meiningen.

Thüringen war als politischer Name untergegangen und lebte erst wieder auf, als sich diese Kleinstaaten mit den ehemaligen Fürstentümern Reuß und Schwarzburg 1920 vereinigten. 1944 wurde Thüringen um den Regierungsbezirk Erfurt der preußischen Provinz Sachsen und um den Kreis Schmalkalden der preußischen Provinz Hessen-Nassau vergrößert. In diesem Umfang ist es nach 1945 zuerst ein Land der sowjetischen Besatzungszone, dann der DDR geworden, bis es 1952 aufgelöst wurde und als politischer Name abermals von der Landkarte verschwand.

Aber vier Jahrzehnte sozialistischer Gleichmacherei haben nicht vermocht, aus den Thüringern geschichtslose Bezirksbewohner von Erfurt, Gera und Suhl zu machen und bei ihnen eine DDR-Identität entstehen zu lassen, für die der Sängerkrieg auf der Wartburg, Weimars goldenes Zeitalter oder Ernst Abbés gemeinnützige Zeiss-Stiftung nur bloße Vorstufen des selbsternannten Arbeiter- und Bauern-Staates waren. Was glanzvolle Jahrhunderte sächsischer Dominanz nicht geschafft hatten – das thüringische Landesbewußtsein auszulöschen –, das konnten erst recht nicht die grauen Jahrzehnte kommunistischer Diktatur erreichen.

Der Schriftsteller Rudolf Hagelstange, wie der letzte DDR-Ministerpräsident Lothar die Maizière in

Nordhausen am Harz geboren, hat über seine Heimat geschrieben: »Ein Blick auf die Karte bestätigt eine zentrale geographische Lage. Eine kurze Rückerinnerung – wir rufen uns die Namen Ekkehart, Luther, Bach und die Plätze Eisenach mit seiner Wartburg und Weimar ins Gedächtnis – macht uns bestimmte geistesgeschichtliche Schwerpunkte bewußt. Man mag den vor dem Zweiten Weltkrieg gebräuchlichen Werbeslogan ›Thüringen – das grüne Herz Deutschlands‹ mit Fug und Recht belächeln – er birgt in einer aufgebauschten Hülle ein Korn Wahrheit.«

In der Tat ist Thüringen kein heroisches, sondern ein poetisches Land; als »Garten Deutschlands« hat es der Kunsthistoriker Edwin Redslob gesehen. Das prägt auch seine Menschen. Herzog Bernhard von Sachsen-Weimar, der Heerführer des Dreißigjährigen Krieges, ist eher die Ausnahme, Goethes großherzoglicher Freund Carl August die Regel. Er hatte in dem Gothaer Herzog Ernst dem Frommen einen Vorläufer, der mitten in den Wirren des Dreißigjährigen Krieges die Einführung der Schulpflicht forderte. Und dem Goethe-Herzog eiferte Ende des 19. Jahrhunderts der Meininger »Theater-Herzog« Georg II. nach, der mit seinem Ensemble großen Einfluß auf die europäischen Bühnen ausübte.

Aber nicht nur Thüringens sächsische Herzöge förderten die Kultur, auch in dem kleinen Fürstentum Reuß war sie zu Hause. Der Schauspieler Bernhard Minetti erinnerte sich an seine Spielzeit in Gera 1927/ 28: »Der eigentliche Hausherr im Theater war der Erbprinz Reuß. Er machte die Dramaturgie. Er hatte einen spätfeudalen Zug, war großzügig und sehr tolerant.« Die Fürsten Reuß und der Herzog von Sachsen-Altenburg hatten ihre Ländchen im 19. Jahrhundert dem sächsischen König angeboten, waren in Dresden aber nicht erhört worden, weil sie zu hohe Forderungen für ihre Privatschatulle stellten. Vielleicht wollten sie nur viel Geld für ihre Theater, ihre Museen und ihre Bibliotheken...

In unseren Tagen ist nicht mehr von Anschluß, sondern von Neugliederung die Rede. So hat der Historiker Karlheinz Blaschke 1990 vorgeschlagen, nicht einfach die 1952 aufgelösten DDR-Länder wiederherzustellen, sondern aus den Bezirken Chemnitz, Dresden, Erfurt, Gera, Halle, Leipzig und Suhl ein Bundesland Sachsen-Thüringen zu bilden. Für dieses neue Land mit einem gemeinsamen, historisch gewachsenen Kulturkreis sprechen nach Blaschke sowohl der »von der Natur vorgezeichnete Raum zwischen dem Erzgebirge, dem Thüringer Wald, dem Harz und dem Fläming« wie die Tatsache, daß dieser »Naturraum« bereits einmal »mehrere Jahrhunderte lang auch eine politische Einheit« gewesen ist, eben »unter der Herrschaft des Hauses Wettin«.

Dieses Land Sachsen-Thüringen würde mit rund neun Millionen Einwohnern »ein beachtliches Gegengewicht zu den führenden Ländern Nordrhein-Westfalen und Bayern« darstellen, »im Land Baden-Württemberg seinen annähernd gleich großen und gleich strukturierten Partner« finden und dafür sorgen, daß die Bevölkerung der früheren DDR im deutschen Bundesstaat durch starke territoriale Institutionen vertreten wäre.

Zwar ist die Diskussion in der letzten DDR-Regierung und auch in der frei gewählten Volkskammer seinerzeit über diesen Plan hinweggegangen, zwar haben sich alle östlichen Bundesländer inzwischen nicht nur administrativ konsolidiert, sondern auch mental etabliert, zwar hat die Frage der Länderneugliederung bei der Volksabstimmung über einen neuen Gliedstaat Berlin-Brandenburg durch die Märker einen erheblichen Rückschlag erlitten. Aber völlig vom Tisch ist der Plan schon deshalb nicht, weil alle sogenannten neuen Bundesländer mit Ausnahme von Sachsen sowohl aufgrund ihrer niedrigen Einwohnerzahl als auch wegen ihrer geringen Wirtschaftskraft keine großen Sprünge machen können.

Deshalb sollten die Politiker abseits von bevorstehenden Wahlen mittel- oder auch langfristig einmal prüfen, ob ein großes mitteldeutsches Bundesland dann nicht für die Mehrheit seiner Bürger akzeptabel wäre, wenn Weimar anstelle von Dresden oder Erfurt Landeshauptstadt würde. Eine Verlagerung des politischen Schwergewichts vom Ostteil eines solchen Landes mehr in seine Mitte – Leipzig läge freilich noch günstiger – könnte es auch den Bewohnern des Regierungsbezirkes Halle erleichtern, sich gegen Sachsen-Anhalt und die ungeliebte Hauptstadt Magdeburg zu entscheiden, würde aber wahrscheinlich den Dresdnern und Erfurtern den Appetit auf eine Neugliederung verderben.

Kritiker des Blaschke-Planes haben bereits 1990 spöttisch darauf aufmerksam gemacht, daß die Coburger bei seiner Realisierung die Abstimmung von 1920 wiederholen müßten, in der sie sich nicht für den Beitritt zum neugebildeten Land Thüringen, son-

dern für den Anschluß an Bayern entschieden hatten.
Ein besonders vorwitziger Kritiker, der dem Historiker schlicht Weltfremdheit vorwarf, erinnerte gar
daran, daß das niederländische West- und das deutsche Ostfriesland von 1488 bis 1515 von den albertinischen Wettinern regiert wurde, weshalb Blaschke
doch einmal überlegen solle, ob Sachsen künftig nicht
bis zur Nordsee reichen könne, zumal sich Niedersachsen ja als Brücke nach Friesland anböte und auch
schon so heiße – vom ehemaligen Herzogtum Sachsen-Lauenburg der Askanier an der Elbe ganz abgesehen...

Natürlich sagt die Erfahrung von fast einem halben
Jahrhundert Bundesrepublik, daß die in der Nachkriegszeit entstandenen Ländergrenzen nur in einem
einzigen Fall, nämlich beim Zusammenschluß von
Württemberg-Baden, Württemberg-Hohenzollern
und (Süd-)Baden zu Baden-Württemberg, verändert
wurden und selbst Länder unter dem bevölkerungs-
politischen Existenzminimum wie Bremen und das
Saarland nicht unterzukriegen sind, obwohl sie seit
langem als »Armenhäuser« Westdeutschlands gelten.
Warum also sollten die Grenzen im Osten Deutschlands nicht so bleiben, wie sie im 19. Jahrhundert die
preußische Großmacht- und in der Nachkriegszeit die
sowjetische Besatzungspolitik gezogen haben?

Derzeit können diejenigen, die weiter denken, nur
auf einen winzigen Hoffnungsschimmer verweisen:
Trotz aller pessistimischen Voraussagen ist es gelungen, den Süddeutschen Rundfunk in Stuttgart und
den Südwestfunk in Baden-Baden zu einer einzigen
öffentlich-rechtlichen Anstalt, dem Südwestdeut-

schen Rundfunk (SWR), zu vereinigen. Die Fusions-
überlegungen im Funk- und Fernsehbereich sind beinahe so alt wie die Forderungen nach einer Neugliederung des Bundesgebietes, und sie waren auch
(beinahe) so schwierig. Erst die Zulassung privater
Fernseh- und Rundfunkkanäle hat dazu geführt, die
Verhandlungen zu einem positiven Ende zu führen.
Vielleicht wirken die bevorstehende Einführung des
Euro und die Erweiterung der Europäischen Union
ebenfalls als Ferment bei der Neugliederung der Bundesländer, die immerhin mit der Gründung des Mitteldeutschen Rundfunks (MDR) als länderübergrei-
fende Anstalt nach der Wende wenigstens auf einem
Sektor schon vorweggenommen wurde.

Ähnliche Vorschläge sind schon nach dem Ersten
Weltkrieg gemacht und als Mitteldeutschland-Pläne
publiziert worden. Ihre Wiederaufnahme und Realisierung würde sowohl die Leipziger Teilung zwischen
ernestinischen und albertinischen Wettinern aus dem
Jahre 1485 als auch die Beschlüsse des Wiener Kon-
gresses von 1815 über das Schicksal Sachsens, das
damals 58 Prozent seiner Fläche und 42 Prozent seiner Einwohner an Preußen verlor, rückgängig machen. Damit könnte die ökonomische Kraft des Frei-
staates Sachsen für die wirtschaftliche, soziale und
kulturelle Entwicklung in einem vereinten Mitteldeutschland genutzt werden, wodurch Sachsen-Thüringen zu einer der interessantesten Regionen Europas würde – eine Stellung, die weder Sachsen noch
Thüringen oder Sachsen-Anhalt allein zu erringen
vermögen.

Sind Sachsen begabter als Schwaben?

*Viele Genies und noch mehr Talente
kommen aus Mittel- und Südwestdeutschland*

Schwaben und Sachsen streichen oft ihre Beiträge
zum Geistesleben, zur Wissenschafts- und Technikge-
schichte heraus. Die Sachsen haben sich dafür zwar
keinen Vers einfallen lassen wie den im Südwesten
vielzitierten Vierzeiler (»Der Schiller und der Hegel,
der Schelling und der Hauff, das ist bei uns die Regel,
das fällt uns gar nicht auf.«) – der sächsische Schriftsteller Peter Bamm hat ihn den »arrogantesten Vers
der deutschen Literatur« genannt, der Schwabe Klaus
Harpprecht in diesem Zusammenhang von »paus-
bäckiger, plumper Angeberei« gesprochen. Aber
auch die Sachsen sind stolz auf ihre großen Männer –
bedeutende Frauen sind hier wie dort selten – und auf
deren Leistung. Gerne brüsten sie sich damit, daß sie
die ersten oder die schnellsten waren.

Im »Spiegel« konnte man vor einiger Zeit die An-
zeigenkampagne einer Dresdner Zeitung verfolgen.
Sie geht auf einen schmissigen Werbeprospekt der
Sächsischen Staatskanzlei zurück, der von dem gebürtigen Stuttgarter Sebastian Turner stammt. Danach erschien
– die erste Tageszeitung und die erste wissenschaft-
liche Fachzeitschrift in Leipzig. Dort wurde auch

– das erste Musikkonservatorium und die erste Handelshochschule gegründet. In Freiberg steht
– die älteste Bergakademie, in Dresden wurde
– die erste deutsche Oper komponiert.

Im deutschen Florenz an der Elbe ruhen selbstverständlich in unzähligen Museen »die prachtvollsten Kunstschätze der Erde«. Eine Maschine aus Chemnitz erhielt als
– erstes deutsches Produkt auf einer Weltausstellung 1862 eine Goldmedaille. Und in Zwickau, füge ich als Sohn dieser Stadt hinzu, wurde
– 1815 das erste deutsche Taschenbuch verlegt (vom Vater des Komponisten Robert Schumann),
– 1895 das erste gebundene Buch, ein Pilzführer, mehrfarbig gedruckt und
– 1921 das erste deutsche Auto, ein Audi, mit Linkssteuerung vorgestellt.

Und in Schneeberg bei Zwickau ist
– 1823 das chinesische Packfong als Alpaka (Neusilber) nacherfunden worden.

Natürlich wurde in Sachsen – wo denn sonst? – die schon im Altertum bekannte Blaufärbung durch geröstete Kobalterze wiederentdeckt, weshalb im 18. Jahrhundert chinesische Porzellanmaler mit dem Erzgebirge Handelsbeziehungen aufnahmen; hier wurde
– die erste deutsche Lokomotive,
– die erste deutsche Ferneisenbahn (zwischen Leipzig und Dresden) und
– das erste deutsche Dampfschiff gebaut.

Wen kann es da noch überraschen, wenn Sachsen der erste deutsche Freistaat war – noch vor Bayern?

Selbstverständlich ist dieses pfiffige Völkchen auch in einigen Disziplinen Weltmeister geworden, zum Beispiel beim Bau der ersten Seilbahn, der höchsten Eisenbahnbrücke, des ersten Pumpspeicherwerks, des ersten mechanischen Webstuhls und der ersten industriell produzierten Rechenmaschine. »Sorry, IBM. Wir waren schneller«, kommentiert der weiß-grüne Prospekt diese Leistung aus dem Jahre 1878. »Die Sachsen«, heißt es dort weiter, »lassen sich nicht gerne von Revolutionen überraschen; sie lösen sie lieber aus.« Tatsächlich hat hier die einzige erfolgreiche deutsche Revolution, die von 1989, begonnen.

»Leben Sie... in einem Haushalt ohne Erfindungen aus Sachsen?« wird in dem Prospekt scheinbar treuherzig gefragt und dann allerlei aufgezählt: »In Sachsen wurde auch das synthetische Waschmittel, die Zahnpasta, die Reiseschreibmaschine, die Ansichtskarte, das Frotteehandtuch, die Spiegelreflexkamera,... der Kaffeefilter, der Teebeutel und das abendländische Porzellan erfunden. Auch das digitale Satellitenradio kommt aus Sachsen. Daß es noch Haushalte ohne dieses Empfangsgerät gibt, kann nur daran liegen, daß es gerade erst entwickelt worden ist.«

Selbst Sachsen staunen bei dieser – wie sagte Klaus Harpprecht? – »pausbäckigen, plumpen Angeberei«. Eine weltbewegende Erfindung wie etwa die des Autos sucht man in der Aufzählung allerdings vergeblich. Immerhin kann der sächsische Personenkult, dem die ja wahrscheinlich ohnehin geheuchelte Bescheidenheit der Schwaben völlig fremd ist, mit dem Tübinger Psychiatrie-Professor Ernst Kretschmer aus dem württembergischen Dorf Wüstenrot untermauert werden. Kretschmer hat 1929 in seinem Buch über »Geniale Menschen« die hier geborenen großen Frauen und Männer addiert und Sachsen als »das absolut geniereichste Land Deutschlands« bezeichnet. »Indem er eins und eins zusammenzählte«, textete dazu Sebastian Turner, »bediente er sich der Erkenntnisse eines Rechenmeisters aus dem Erzgebirge: Adam Riese.« Der guten Ordnung halber sei angemerkt, daß Adam Riese zwar sein halbes Leben unter den Silberherren von Annaberg im Erzgebirge verbracht hat, aber aus dem oberfränkischen Staffelstein stammt.

Gibt man sich weder mit den flotten Sprüchen von Sebastian Turner noch mit der schmeichelhaften Aussage von Ernst Kretschmer zufrieden, sieht die Wirklichkeit freilich nicht ganz so rosig aus – je nachdem, wer als Genie gilt und ob unter Sachsen nur der heutige Freistaat oder der mitteldeutsche Kulturkreis insgesamt verstanden wird, zu dem der ehemalige Herrschaftsbereich der Wettiner und einige der damals angrenzenden Gebiete gehören, also auch Sachsen-Anhalt, Thüringen und der südliche Teil des Landes Brandenburg, die Niederlausitz mit dem Spreewald.

Bleibt die Frage, wer als Genie gilt. Schon Ernst Kretschmer hatte festgestellt, daß »immer ungefähr dieselben Leute als Genie bezeichnet« werden und »nur an den Grenzen und bei den weniger Berühmten die Meinungen auseinandergehen«. Als Quelle soll hier das Sammelwerk über »Die großen Deutschen« zu Rate gezogen werden, dessen erste Bände 1935/36 erschienen sind und das 1956 von dem Historiker Hermann Heimpel, dem Bundespräsidenten Theodor Heuss und dem Publizisten Benno Reifenberg nach gründlicher Überarbeitung neu herausgegeben worden ist.

Theodor Heuss sagt in diesem Werk »über Maßstäbe geschichtlicher Würdigung«: »Ruhm und Erfolg stehen zur Größe in einer höchst ungesicherten Beziehung. Das wird in der Banalität am deutlichsten: kein Mensch wird etwa bei den Schriftstellern mit Massenauflagen vor und nach der Jahrhundertwende, den Dahn, Spielhagen, Heyse, Richard Voß, von Größe sprechen wollen, so wahrscheinlich es sein mag, daß Heyses anmutige Novellenkunst wieder einmal entdeckt wird. Sie sind Notizen der Literaturgeschichte oder, gerade wegen ihres über den Tod nachhallenden Auflage-Erfolges, Probleme der Soziologie, der Demoskopie geworden. Ihr Zeitgenosse Raabe wird, in seinen Jahren nur wenig geachtet, trotz aller Zeitgebundenheit ... weiterleben ... Derlei Mutation der Bewertung läßt sich in der Geistes- und Kunstgeschichte manchmal finden – Entwertung der Barock- und Rokoko-Maler durch den Eifer der Romantiker, der Nazarener, und die Wiedererkennung ihrer Größe nach hundert Jahren! – Man mag daraus die Lehre ziehen, daß Geschichtsnähe, die auch Gesichtsnähe ist, nicht recht taugt, das optisch notwendig Große in seiner echten Größe zu erkennen; diese wächst eher durch die perspektivische Entfernung, da sie in die Maße ihrer Umwelt eingegliedert ist ...

Subtiler wird die Beantwortung im Raume des politischen oder gar des Militärischen. Daß etwa ein Feldherr Schlachten und Feldzüge gewonnen, aber einen Krieg oder Kriege verloren hat, braucht seine Größe nicht zu berühren – vermutlich wird sich niemand finden, der sie Hannibal aberkennen wollte. Die Poesie einer heroischen Legende hat sich seiner bemächtigt. Das mag einigen soldatischen Sondererscheinungen geschenkt sein nach Leistungen, durch die sie die Phantasie beschäftigten und in deren Vollzug sie selber tragisch untergingen – U-Boot-Führern, Fliegern, vielleicht auch dem Marschall Rommel. Das operative Fachmannstum reicht dazu nicht aus, wenn es nach, rein militärisch gesehen, bedeutendem Gelingen, im Unterliegen menschlich versagt und damit ein Grundelement der ›Größe‹ verspielt...

Der ›Erfolg‹ ist an sich kein Kriterium der ›Größe‹ – im Bereich des Musischen haben wir schon kurz darauf hingewiesen. Volkstümlichkeit in der zeitlich zugehörigen Gegenwart, die ihn begleiten mag, mag den Zurückblickenden leicht mißtrauisch machen. Meist ist das Urteil an den Termin gebunden, da etwa eine Machtstellung gewonnen wurde und gehalten wird; sie mag unmittelbar, wenn auch umstritten, vielleicht als geschichtliche Größe wirken, aber der Termin hat keine Dauer, und nun wird dies die Frage, ob die auszeichnende Bewertung verblaßt oder ob sie sich behauptet, ja vertieft. Das gibt es wohl in jeder Nationalgeschichte.

Für die Deutschen ist gewiß die eindrucksvollste Figur in diesem Bereich der Freiherr vom Stein, dessen unmittelbares Staatsmannstum, durch ein langes Leben berechnet, auf ein paar knappe Jahre beschränkt blieb; es ist nicht die nachwirkende Kraft seines gesetzgeberischen Reformertums, die allein ihm Größe schenkte, sondern die moralische Leidenschaft, unter die sein öffentliches Wirken gestellt war, und der Adel seiner Resignation.«

Nach diesen Maßstäben wurden die 236 großen Deutschen ausgewählt, die in dem Werk porträtiert werden. Unter ihnen sind nur acht Frauen: die dichtende Äbtissin Hildegard von Bingen, die Landgräfin Elisabeth von Thüringen, die Kaiserin Maria Theresia, die Schriftstellerinnen Annette von Droste-Hülshoff, Marie von Ebner-Eschenbach und Ricarda Huch, die Malerin Käthe Kollwitz und die Frauenrechtlerin Helene Lange. Wie die heilige Elisabeth sind manche ihrer Herkunft nach gar keine Deutschen gewesen – zum Beispiel Bonifatius, Wallenstein und Prinz Eugen –, haben aber das deutsche Schicksal wesentlich bestimmt. Andere lassen sich trotz ihrer heute ausländischen Geburtsorte aus der deutschen Geistesgeschichte gar nicht wegdenken, weil die Schweiz und Österreich, aber auch Böhmen, Mähren und Südtirol einmal Teile des römisch-deutschen Imperiums waren.

192 der 236 Porträtierten sind in den Grenzen des Deutschen Reiches von 1914 geboren worden. Ihnen gilt unsere Aufmerksamkeit; denn selbst der jüngste von ihnen, Bert Brecht, kam vor der Jahrhundertwende auf die Welt. Die alten Reichsgrenzen müssen auch deshalb zugrunde gelegt werden, weil nach 1918 ja eine kleine Völkerwanderung aus abgetretenen Gebieten wie Elsaß-Lothringen, Nordschleswig, Oberschlesien, Westpreußen und der Provinz Posen die Spuren der Herkunft verwischt hat, ehe die grö-

ßere Völkerwanderung nach dem Zweiten Weltkrieg fast alles, was in Jahrhunderten gewachsen war, auf den Kopf stellte.

Das Deutsche Reich hatte um die Jahrhundertwende 56,4 Millionen Einwohner; 4,2 Millionen oder 7,5 Prozent von ihnen lebten im damaligen Königreich Sachsen. Auf seinem Territorium wurden, legt man das erwähnte Sammelwerk von Heimpel, Heuss und Reifenberg zugrunde, zehn bedeutende Deutsche geboren:

— der Universalgelehrte Gottfried Wilhelm Leibniz (1646 bis 1716) in Leipzig;

— der pietistische Graf Nicolaus Ludwig von Zinzendorf (1700 bis 1760), Gründer der Herrnhuter Gemeinschaft, in Dresden;

— der Dichter Gotthold Ephraim Lessing (1729 bis 1781) in Kamenz;

— der Arzt Samuel Hahnemann (1755 bis 1843), Begründer der Homöopathie, in Meißen;

— der Philosoph Johann Gottlieb Fichte (1762 bis 1814) in Rammenau (Oberlausitz);

— die Komponisten Robert Schumann (1810 bis 1856) in Zwickau und Richard Wagner (1813 bis 1883) in Leipzig;

— der Historiker Heinrich von Treitschke (1834 bis 1896) in Dresden;

— der Theologe und sozialliberale Politiker Friedrich Naumann (1860 bis 1919), aus dessen Kreis Theodor Heuss kam, in Störmthal bei Leipzig und

— der Maler Max Beckmann (1884 bis 1950) in Leipzig.

Das ist keine besonders imponierende Ausbeute.

Denn diese zehn großen Sachsen bedeuten einen Anteil von ganzen 5,2 Prozent an den 192 großen Deutschen, während der prozentuale Anteil Sachsens an der deutschen Gesamtbevölkerung im Jahre 1900 immerhin fast um die Hälfte höher war.

Da können sich die Württemberger bei einem Bevölkerungsanteil von nur 3,8 Prozent mit fünfzehn großen Deutschen viel eher sehen lassen. Etwa jedes dreizehnte deutsche Genie (7,8 Prozent) ist zwischen Bodensee und Taubertal geboren worden. Es sind dies:

– Kaiser Friedrich Barbarossa (um 1125 bis 1190) im Remstal;

– der Dichter Hartmann von Aue (1150/60 bis etwa 1210) wohl in der Nähe von Rottenburg;

– die Maler Konrad Witz (um 1400 bis 1444) in Rottweil und Hans Baldung Grien (1484/85 bis 1545) in Schwäbisch Gmünd;

– der Astronom Johannes Kepler (1571 bis 1630) in Weil der Stadt;

– die Dichter Friedrich Schiller (1759 bis 1805) in Marbach, Friedrich Hölderlin (1770 bis 1843) in Lauffen am Neckar, Ludwig Uhland (1787 bis 1862) in Tübingen und Eduard Mörike (1804 bis 1875) in Ludwigsburg;

– die Philosophen Georg Wilhelm Friedrich Hegel (1770 bis 1831) in Stuttgart und Friedrich Wilhelm Joseph Schelling (1775 bis 1854) in Leonberg;

– der Nationalökonom Friedrich List (1789 bis 1846) in Reutlingen;

– der Arzt und Physiker Julius Robert Mayer (1814 bis 1878) in Heilbronn;

– der Autokonstrukteur Gottlieb Daimler (1834 bis 1900) in Schorndorf und
– der Physiker Albert Einstein (1879 bis 1955) in Ulm.

Diese Liste ist merklich subjektiv; denn auf ihr fehlt zum Beispiel Wieland. Andere werden Jakob Fugger, den jüngeren Holbein, Hermann Hesse und Bert Brecht vermissen. Doch läßt die sächsische Liste ebenfalls Fragen offen – etwa die nach Gellert, nach den »Brücke«-Malern Heckel, Pechstein und Schmidt-Rottluff oder nach dem humanistischen Gelehrten Agricola, dem Begründer der Montanwissenschaft. Das liegt einerseits an der zu Rate gezogenen Quelle, andererseits an den Landesgrenzen, an die wir uns aus Gründen der Vergleichbarkeit sowohl in Südwest- als auch in Mitteldeutschland halten: Das schwäbische Augsburg, wo Fugger, Holbein und Brecht geboren wurden, gehört nun einmal zu Bayern, so wie Luthers Geburtsort Eisleben zu Sachsen-Anhalt.

Dieses erst in der Nachkriegszeit entstandene Bundesland kann auf mehr große Deutsche verweisen als Sachsen. Es wurde aus der preußischen Provinz Sachsen und dem Land Anhalt gebildet. Im Kaiserreich gehörte der Regierungsbezirk Erfurt zur preußischen Provinz Sachsen; die meisten seiner Kreise kamen erst 1944 zu Thüringen, das seitdem Max Weber zu seinen bedeutenden Söhnen zählen darf; der Wirtschaftswissenschaftler und Soziologe stammt aus Erfurt. Die Kreise Torgau und Artern wechselten sogar erst im Sommer 1990 die Landesflagge; Artern entschied sich für die thüringischen Farben weiß-rot,

Torgau für das sächsische Weiß-Grün. Damit ist mit dem Städtchen Wiehe der Geburtsort des Historikers Leopold von Ranke thüringisch geworden, und Sachsen gewann Schildau zurück, die literarische Heimat der Schildbürger, wo Gneisenau geboren wurde.

Sachsen-Anhalt konnte gerade diesen Verlust leicht verschmerzen, weil die Zahl seiner militärischen Talente besonders hoch ist. Außer dem in der Nähe von Sangerhausen geborenen Kaiser Otto dem Großen und dem preußischen General Carl von Clausewitz aus Burg bei Magdeburg, die beide auf der Genieliste stehen, haben sich König Heinrich I. gegen die Ungarn, der askanische Markgraf Albrecht der Bär, Gründer von Brandenburg, bei der deutschen Ostkolonisation, der Söldnerführer Ernst Peter von Mansfeld im Dreißigjährigen Krieg, der Alte Dessauer an der Seite Friedrichs II. von Preußen, Washingtons Generalinspekteur Friedrich Wilhelm von Steuben im amerikanischen Unabhängigkeitskrieg, der deutsche Reiterführer August von Mackensen im Ersten sowie Hitlers Marschälle Gerd von Runstedt und Walter Model im Zweiten Weltkrieg als Feldherren ausgezeichnet.

Läßt man die Verschiebung der Landes- und Kreisgrenzen aus Gründen der Vergleichbarkeit außer acht, sind die Provinz Sachsen und das Herzogtum Anhalt (Bevölkerungsanteil um 1900 5,6 Prozent) die Heimat von sechzehn großen Deutschen. Es sind, sieht man von dem bereits erwähnten Kaiser Otto (912 bis 973), Martin Luther (1483 bis 1546), Neidhardt von Gneisenau (1760 bis 1831), Carl von Clausewitz (1780 bis 1831), Leopold von Ranke (1795 bis 1886) und Max Weber (1864 bis 1920) ab:

– der »Sachsenspiegel«-Autor Eike von Repgow (um 1180 bis nach 1233) aus Reppichau bei Köthen;

– der evangelische Pfarrer und Kirchenliederdichter Paul Gerhardt (1607 bis 1676) aus Gräfenhainichen am Rande der Dübener Heide;

– der Bürgermeister und Physiker Otto von Guericke (1602 bis 1686) aus Magdeburg;

– der Komponist Georg Friedrich Händel (1685 bis 1759) aus Halle an der Saale;

– der Archäologe Johann Joachim Winkelmann (1717 bis 1768) aus Stendal;

– die Dichter Friedrich Gottlieb Klopstock (1724 bis 1803) aus Quedlinburg und Friedrich von Hardenberg, genannt Novalis (1772 bis 1801), aus Oberwiederstedt bei Hettstedt;

– der Geograph Carl Ritter (1779 bis 1859) aus Quedlinburg;

– der Reichskanzler Otto von Bismarck (1815 bis 1898) aus Schönhausen in der Altmark;

– der Philosoph und Dichter Friedrich Nietzsche (1844 bis 1900) aus Röcken bei Lützen.

Damit übertreffen die Provinz Sachsen und Anhalt prozentual (8,3) Württemberg, was freilich durch den größeren Bevölkerungsanteil relativiert wird. Thüringen schließlich bringt es bei einem Bevölkerungsanteil von 2,5 Prozent auf eine »Geniequote« von 3,6 Prozent. Hermann von Salza, Meister Ekkehart, Heinrich Schütz und Johann Sebastian Bach wurden hier geboren, aber auch der Pädagoge Friedrich Fröbel, Ernst Abbé und Walter Eucken.

Wie fragwürdig die Methode ist, bedeutende Männer und Frauen aufgrund ihres oft zufälligen Geburtsortes einem bestimmten Land zuzuordnen, beweist der Wirtschaftswissenschaftler Walter Eucken, dessen Vater Professor in Jena war, der aber aus einer ostfriesischen Familie stammte. Ähnlich verhält es sich bei Gneisenau, dessen Mutter sich bloß eine Woche lang in Schildau aufhielt; bei Max Beckmann, dessen niedersächsische Eltern nur wenige Jahre vor seiner Geburt nach Leipzig gezogen waren; ebenso bei Albert Einstein, der in Ulm geboren wurde, in München zur Schule ging und dann mit seinen jüdischen Eltern nach Italien auswanderte. Selbst manche Urschwaben und einige Ursachsen sind genealogisch nicht astrein: Gottlieb Daimlers Urahn kam aus Thüringen, Eduard Mörikes Vorfahren lebten in der Mark Brandenburg. Auch Robert Schumanns Vater ist ebenso wie der Vater von Martin Luther Thüringer gewesen. Solche Fälle werden jedoch ausgeglichen, weil wiederum Kinder von Thüringern und Sachsen in Ostfriesland oder Niedersachsen zur Welt gekommen sind.

Kulturell ist der mitteldeutsche Raum in den Augen der anderen Deutschen eine Einheit, so wie er das ja in der Geschichte auch politisch lange Zeit war. Ernst Kretschmer hatte in der Tat die gesamte Region im Sinn, als er Sachsen zum »absolut geniereichsten Land« erklärte. Ersetzt man den Begriff Sachsen durch Mitteldeutschland, schließt man also Thüringen und Sachsen-Anhalt in die Betrachtung ein, dann erweist sich seine Behauptung als richtig, allerdings nur absolut, nicht relativ: Mit 33 großen Deutschen erreicht Mitteldeutschland eine »Geniequote« von 17,2 Prozent bei einem Bevölkerungsanteil von 15,5 Prozent um die Jahrhundertwende. Dagegen wurden in Württemberg, Baden und Hohenzollern – also in dem ähnlich strukturierten Südwestdeutschland, das nicht erst seit der Bildung des Landes Baden-Württemberg von draußen betrachtet als Einheit erschien und auch hierin Mitteldeutschland ähnelt – bei einem Bevölkerungsanteil von nur 7,3 Prozent 21 große Deutsche geboren, was eine »Geniequote« von 10,9 Prozent ergibt. Dividiert man nun diese Quote durch den Bevölkerungsanteil, liegt Südwestdeutschland beinahe um die Hälfte über dem Durchschnitt, Mitteldeutschland nur wenig darüber.

Ernst Kretschmer hat sich bei seiner Behauptung indessen nicht nur auf Sachsen und Thüringen, sondern auch auf Schlesien gestützt und sich zudem unter Vernachlässigung der Naturwissenschaften und der Technik auf das Zusammentreffen der dichterisch-philosophischen Begabung mit der musikalischen bezogen, die im schwäbisch-alemannischen Raum unterentwickelt ist. »Nichts vom rhythmisch-melodischen Genius der slawisch-deutschen Begegnungsräume im Österreich-Böhmischen oder im Sächsisch-Thüringischen hat Württemberg gestreift«, konstatiert der Pfarrerssohn Klaus Harpprecht, »trotz der Jahrhunderte methodischer Übung in Kirchenmusik an den Seminaren und im Stift; trotz der glanzvollen Gastrolle der italienischen Oper in der Ludwigsburger Residenz. Silcher war das äußerste, was der singende Volksgeist zuwege brachte: Männerchorseligkeit, deren Sentimentalität ihre kommerzielle Verwertbarkeit in der Ära der sogenannten Medien so recht erweisen sollte.« Auch in Baden muß schon Christian Cannabich ausgegraben werden, der mit seiner Mannheimer Schule Mozart und über ihn die Wiener Klassik beeinflußte, wenn in Sachsen-Thüringen von Heinrich Schütz, Johann Sebastian Bach, Georg Friedrich Händel, Robert Schumann und Richard Wagner die Rede ist und Meister wie Georg Philipp Telemann aus Magdeburg, Carl Loewe aus Löbejün bei Halle und Kurt Weill aus Dessau nicht einmal erwähnt werden.

Speziell Württemberg gerät bei seinen begabten Frauen ebenso ins Hintertreffen wie bei seinen Musikern. Denn die Sachsen können sich immerhin auf vier weibliche Talente berufen:
– auf Katharina von Bora (1499 bis 1552) aus Lippendorf bei Borna, die mit Martin Luther die erste evangelische Pfarrersfamilie begründete, auf
– die Schauspielerin Caroline Neuber (1697 bis 1760) aus Reichenbach im Vogtland, die das deutsche Theater reformiert hat, auf
– die Pianistin Clara Wieck (1819 bis 1896) aus Leipzig, die Frau Robert Schumanns, und auf
– die Malerin Paula Modersohn-Becker (1876 bis 1907) aus Dresden.

Dagegen müssen sich die Schwaben mit vier vergleichsweise unbekannten oder doch vergessenen Frauen begnügen:
– der Herzogin Reginlinde (um 888 bis nach 959) aus dem Sülchgau am oberen Neckar, Stammutter vier ottonischer, salischer und staufischer Herrscher,
– der Kaiserin Gisela (um 990 bis 1043), in dritter Ehe mit Kaiser Konrad II. verheiratet, deren Geburtsort unbekannt ist, aber wohl im mittleren Neckarraum vermutet werden kann,

– der Hoffaktorin Karoline Kaulla (1739 bis 1809) aus Buchau am Federsee, einer großen Unternehmerin und Stammutter einer bedeutenden jüdischen Bankiersfamilie, und
– der Schriftstellerin Isolde Kurz (1853 bis 1944) aus Stuttgart.

Als große Deutsche gilt keine dieser Frauen, auch wenn Clara Schumann-Wieck heute den Hundert-Mark-Schein ziert und schon deshalb populär ist. Aber Ernst Kretschmers These gewinnt ohnehin an Beweiskraft, wenn man den Kreis weiter zieht, indem er von den genialen auf die begabten Deutschen erweitert wird. Ein Viertel (24,9 Prozent) aller Begabungen, die vor 1850 innerhalb der Reichsgrenzen von 1914 geboren wurden, kommt aus Mitteldeutschland; das sind zwei Drittel mehr, als es dem Bevölkerungsanteil (15,5 Prozent) entspricht. Aus Südwestdeutschland stammt dagegen nur ein Zehntel (10,4 Prozent) – knapp die Hälfte mehr als der Bevölkerungsanteil (7,3 Prozent). Wie bei der »Geniequote« rangieren auch hier Mittel- und Südwestdeutschland vor anderen Gegenden Deutschlands.

Die Mühe, bei 6231 Deutschen die Geburtsorte nach Länder- und Provinzgrenzen zu ordnen, hatte sich Anfang der dreißiger Jahre der sächsische Lehrer Rudolf Kneip gemacht. Er wertete den zwanzigbändigen Brockhaus aus und veröffentlichte seine Arbeit 1940 in den »Blättern der ehemaligen Realschüler« von Mittweida. Kneip beschränkte sich deshalb auf die vor der Mitte des vorigen Jahrhunderts geborenen Talente, weil der Geburtsort wegen der zunehmenden Mobilität – »vor allem, je mehr man sich der Gegenwart näherte« – keine »sichere Angabe über die Stammesherkunft« bot. Daß er die preußische Provinz Sachsen nicht nur zusammen mit Anhalt, sondern auch mit dem Herzogtum Braunschweig behandelte, ist eine weitere Besonderheit seiner Untersuchung. Sie erklärt sich wohl daraus, daß die kleinen Länder Anhalt und Braunschweig von 1933 bis 1945 einem gemeinsamen »Reichstatthalter« unterstanden.

Betrachtet man die mitteldeutschen Länder für sich, fällt die relativ große Zahl der thüringischen Begabungen auf. Sollten die Thüringer am Ende heller sein als die Sachsen? Ein Vergleich mit dem Südwesten drängt sich geradezu auf, denn hier dominieren die Württemberger die Badener, die mit Rudolf von Habsburg, Philipp Melanchthon, Carl Philipp Fohr, Johann Peter Hebel, Karl Benz und Friedrich Ebert nur sechs große Deutsche hervorgebracht haben und auch bei den Begabungen schwächer abschneiden. Dagegen sind bei einem Bevölkerungsanteil von nur 2,5 Prozent 6,4 Prozent aller Talente im grünen Herz Deutschlands geboren. In Sachsen sind es zwar 8,8 Prozent, aber bei dem entsprechend höheren Bevölkerungsanteil von 7,5 Prozent. Aus der Provinz Sachsen, Anhalt und Braunschweig sind 9,6 Prozent der begabten Deutschen bei einem Bevölkerungsanteil von 6,4 Prozent hervorgegangen.

Nach Kneips Auswertung ist Thüringen der deutsche »Talentschuppen« schlechthin, gefolgt von Schleswig-Holstein mit Hamburg und Lübeck (5,3 zu 2,5 Prozent), Württemberg (6,2 zu 3,8 Prozent) und der Provinz Sachsen mit Anhalt und Braunschweig. Das Verhältnis von Begabten- zu Bevölkerungsanteil ist selbst in Hessen (7,1 zu 5,3 Prozent), Mecklenburg (1,7 zu 1,3 Prozent) und Baden (4,3 zu 3,3 Prozent) besser als in Sachsen, das seinerseits Berlin-Brandenburg, Bayern, Niedersachsen, Pommern, Schlesien und Elsaß-Lothringen in den Schatten stellt. Am untersten Ende der Talentskala findet man Ost- und Westpreußen, die Rheinlande, Westfalen und die damals preußische Provinz Posen.

Solche Auswertungen lassen sich natürlich als Spielereien abtun. Aber die Menschen haben nun einmal ein unstillbares Bedürfnis nach der Verehrung von Idolen: Jede Gemeinde ist stolz auf ihre großen Söhne und Töchter. Dem bayerischen König Ludwig I. war das ja sogar den Bau eines antiken Tempels an der Donau nach dem Vorbild des römischen Pantheons wert, den er paradoxerweise nach der germanischen Totenhalle Walhalla genannt hat.

Ein Pantheon für Sachsen, Sachsen-Anhalt und Thüringen ist ebensowenig vorstellbar wie ein baden-württembergisches. Hier wie dort existiert diese Ruhmeshalle im Kopf, werden die einheimischen Begabungen mit denen anderer Landstriche verglichen. Das erklärt sowohl den Erfolg des Werkes über »Die großen Deutschen« als auch das Interesse an der Talentliste des Lehrers Kneip. Beide bestätigten die These von Ernst Kretschmer, wenn sie nicht allein auf geniale Begabungen beschränkt und um ihre schlesische Komponente bereinigt wird. Zwar ist die schwäbische, sprich: südwestdeutsche Geniequote höher als die sächsische, sprich: mitteldeutsche. Aber dafür schneidet die Mitte bei den Talenten besser ab als der

Südwesten. Nirgendwo sonst in Deutschland gibt es diese Fülle der Talente, diese Vielzahl der Genies.

Die Erklärung liegt einmal in der Mischung der Völkerschaften und Kulturen. Im Südwesten haben die Kelten nicht die Ureinwohner ausgerottet und die Römer nicht die Kelten. Das keltisch-römische Erbe übernahmen bei der gewaltsamen Eroberung die Alemannen. Ungarn, Schweden, Kroaten, Schotten, Iren, Engländer und Franzosen führten hier nicht nur Krieg, sondern hinterließen auch ihre Spuren. Franken und Sachsen wurden angesiedelt, später Steiermärker, Kärtner und Waldenser. Der Einfluß Italiens war groß, der Frankreichs zeitweise übermächtig.

Felix Berner hat in seinen »Baden-Württembergischen Portraits« zudem auf die territoriale Zersplitterung des Südwestens hingewiesen und auf die daraus resultierende geistige, wirtschaftliche und politische Enge: »Das aus der Enge ausbrechende Talent, das sich erst draußen entfaltet, ist eine Erscheinung, der man ständig begegnet... Der Widerstand, gegen den sich diese Ausbrecher durchsetzen mußten, hat ihre Muskeln gestärkt und damit vielleicht erst ihren Höhenflug ermöglicht. Aber sie alle verdanken ihrer Herkunft mehr als die Erprobung ihrer Kräfte. Sie verdanken ihr auch oft genug eine vorzügliche Schuldbildung, sie verdanken der Vielfalt kleiner Herrschaften eine Vielfalt von Aufstiegsmöglichkeiten... Denn wenn das geistige und künstlerische Leben Deutschlands heute noch so viele Zentren hat, so geht das auf die Residenzen von damals zurück, auf die Reichsstädte, auf die alten Universitäten, auf die Bibliotheken...«

All das gilt mit Variationen auch für Mitteldeutschland. Das schwäbische Schulsystem mit seinem strengen »Landesexamen«, das sozial und elitär zugleich war, entsprach in der Großzügigkeit seiner Auslese den sächsischen Fürstenschulen. Im Herzogtum Sachsen-Gotha wurde 1642 die allgemeine Schulpflicht eingeführt – früher als in anderen deutschen Gegenden mit Ausnahme der Reichsstadt Straßburg, die sie bereits 1598 angeordnet hatte. In Gotha entstand 1818 auch die erste deutsche Berufsschule. Die Universität Leipzig ist nur zwei Jahrzehnte jünger als die Heidelberger, aber älter als die Hohen Schulen in Freiburg und Tübingen, die ein Vierteljahrhundert vor der Universität Wittenberg gegründet wurden, der dann noch die Jenenser folgte. In Erfurt gab es (und gibt es seit 1994 wieder) eine vierte mitteldeutsche Universität, sechs Jahre nach der fürstlichen Schöpfung Heidelberg von den Bürgern der damals sehr reichen Stadt ins Leben gerufen.

In Thüringen erreichte die territoriale Zersplitterung südwestdeutsches Ausmaß, weil die ernestinische Linie der Wettiner im Gegensatz zu ihren albertinischen Vettern in Dresden eine Erbteilung nach der anderen vornahm und dort auch noch andere Fürstenhäuser regierten. So wurden Weimar und Eisenach, Coburg und Gotha, Altenburg und Meiningen, Hildburghausen und Saalfeld, Gera und Greiz, Schleiz und Lobenstein, Rudolstadt und Sondershausen, Blankenburg und einige andere Orte dauerhaft oder vorübergehend Residenzen. Aber auch die albertinische Linie der Wettiner begnügte sich nicht mit Dresden und der alten Markgrafenburg in Meißen, sondern residierte außerdem noch in Freiberg und Merseburg, Weißenfels und Zeitz.

Den Mangel an Reichsstädten – nur Mühlhausen und Nordhausen konnten sich bis Anfang des 19. Jahrhunderts behaupten; Altenburg, Chemnitz und Zwickau verloren diesen Status schon lange zuvor – glichen die großen Handelsstädte Erfurt, Halle und Magdeburg, vor allem aber die Messemetropole Leipzig aus. Sie war als Sitz der meisten Verlage, Druckereien und Zwischenbuchhändler zugleich »Reichsbuchhauptstadt« und lag in einem Lande, in dem es vor dem Krieg außerdem pro Kopf (vor Württemberg) die meisten Leser – und übrigens auch die meisten Theater – gab. Schließlich hat seit dem Mittelalter der Silberbergbau im Harz und im Erzgebirge, aber auch der Bergbau auf Kupfer und Zinn, Wismut und Kobalt, Nickel und Eisen nicht nur den einstigen Wohlstand Mitteldeutschlands begründet, sondern auch freie Bergstädte, in denen ein selbstbewußtes, bildungsbeflissenes Bürgertum heranwuchs, das nach dem allmählichen Versiegen der Bodenschätze Manufakturen ins Leben rief und später den Grundstein für die Industrialisierung legte.

Sie begann in Sachsen so früh wie in Deutschland sonst nur noch im rheinisch-westfälischen Raum, jedenfalls viel früher als im rohstoffärmeren Württemberg, das deshalb neben der Pfalz zum großen deutschen Auswanderungsland wurde. Aber ganz so arm wie Justinus Kerner den schwäbischen Grafen Eberhard im Bart in seinem Gedicht »Der reichste Fürst« erscheinen läßt, waren die württembergischen Herren nicht – nicht einmal an silberschweren Bergen, hat doch gerade Eberhard versucht, die Gruben von Bulach bei Calw wieder in Gang zu bringen, wo vor sechshundert Jahren mehr Silber als irgendwo sonst in Süddeutschland gewonnen worden ist.

Die andere Herkunft der Bevölkerung wurde bisher nur gestreift. Die westlichen Teile von Thüringen und Sachsen-Anhalt sind deutsches Altsiedelland – noch von Bonifatius und seinen Mönchen christianisiert, aber ohne römische Vergangenheit. Die Gebiete östlich von Saale und Elbe wurden von Thüringern und Franken, Sachsen und Bayern, auch von Schwaben und Flamen kolonialisiert. Die slawischen Sorben, die seit der Völkerwanderung um Leipzig und Dresden, im Vogtland und in der Lausitz in vergleichsweise geringer Zahl lebten, wurden allmählich aufgesogen.

So ist im Laufe der Zeit in der Mitte Europas, die auch stets eines seiner Hauptschlachtfelder war, ein neuer deutscher Stamm entstanden, der sich wie die Schwaben und Alemannen gerne im Spiegel des Narziß sieht. Wie seine südwestdeutschen Artverwandten verdankt er die geistige Regsamkeit der Mischung von Völkerschaften und Kulturen. Diese Regsamkeit wurde immer wieder von Zuwanderern genährt, von Gastarbeitern und Asylanten aus aller Herren Länder, die sich freilich anders als viele heute den geltenden Regeln angepaßt haben und die auch nur dann verträglich und erfolgreich gewesen sind, wenn sie ihrer neuen Heimat nicht völlig fremd gegenüberstanden.

Der vergessene Landtag in Halle

*Wo die Abgeordneten von Sachsen-Anhalt bis zur
Auflösung ihres Parlaments 1952 tagten*

Die freundliche Kassiererin am Kleinschmieden
schüttelte bedauernd mit dem Kopf. Dann sagte sie
resigniert: »Vielleicht in der Lohmann-Straße? Aber
ich weiß es wirklich nicht genau. Das ist doch alles
schon so lange her. Fünfzig Jahre fast – glaube ich.
Und was ist seitdem alles passiert!«

Gefragt worden war die ältere Dame, wo denn der
Landtag von Sachsen-Anhalt in Halle früher eigentlich beraten habe. Von ihm ist in der ehemaligen
Landeshauptstadt kaum mehr die Rede, seit das
Parlament am 25. Juli 1952 Selbstmord beging. An
diesem Tag nämlich nahm es das »Gesetz über die
weitere Demokratisierung des Aufbaus und der Ar-
beitsweise der staatlichen Organe der DDR« wider-
standslos, weil stillschweigend zur Kenntnis.

Mit dem Gesetz traten die völlig von der SED beherrschten Bezirke an die Stelle der Länder, in denen
CDU und LDP zusammen der Einheitspartei noch
hätten Paroli bieten können, wären sie nicht gleichge-
schaltet und damit demoralisiert worden. Die Nachkriegszeit der Länder ist in der Erinnerung und im
Bewußtsein der Bevölkerung nicht mehr überall so
präsent wie etwa im alten Freistaat Sachsen, wo

1989/90 in vielen Orten die weiß-grünen Fahnen das Straßenbild beherrschten. In Sachsen-Anhalt wehten die schwarz-gelben Landesflaggen seltener; hier dominierte von vornherein das gesamtdeutsche Schwarz-Rot-Gold.

Hängt das mit der politischen Kurzlebigkeit von Sachsen-Anhalt zusammen? Tatsächlich ist das 1952 sang- und klanglos untergegangene Land ja ein Kind der Nachkriegszeit: Am 23. Juli 1945 wurden auf Befehl der Sowjetischen Militäradministration in Deutschland (SMAD) die preußischen Provinzen Magdeburg und Halle-Merseburg mit dem Freistaat Anhalt zur Provinz Sachsen-Anhalt vereinigt, aus der dann am 1. September 1947 das gleichnamige Land wurde.

Die beiden Provinzen Magdeburg und Halle-Merseburg waren ursprünglich Regierungsbezirke, die seit 1815/16 zusammen mit dem Regierungsbezirk Erfurt die preußische Provinz Sachsen gebildet hatten. 1944 waren sie vom NS-Regime als Provinzen verselbständigt und der Bezirk Erfurt Thüringen zugeschlagen worden, um sie an Hitlers »Reichsverteidigungsbezirke« anzupassen. Auch Anhalt hatte die NS-Zeit nicht unbeschadet überstanden, wurde es doch von 1933 bis 1945 von einem »Reichsstatthalter« in Personalunion mit dem Land Braunschweig verwaltet.

Bedenkt man noch, daß die preußische Provinz Sachsen erst nach dem Wiener Kongreß aus alten brandenburgischen sowie aus ehemals kursächsischen und kurmainzischen Gebieten geschaffen worden war, dann ist es nicht weiter verwunderlich, daß das Landesbewußtsein hier weniger ausgeprägt ist als zwischen Leipzig und Zittau. Dennoch würde man in der früheren Hauptstadt von Sachsen-Anhalt erwarten, daß der ehemalige Sitz des Landtages wenigstens den älteren Einwohnern bekannt ist.

Weshalb die SMAD 1945 Halle zum Sitz des »Präsidiums«, der Regierungsbehörde von Sachsen-Anhalt, und damit zur Landeshauptstadt bestimmt hat, läßt sich nicht mehr genau aufklären. Manche Stimmen meinen, daß der geringe Zerstörungsgrad der Stadt dabei den Ausschlag gegeben habe: Während in Magdeburg, wo bis 1944 der Oberpräsident als Chef der Provinzialregierung residierte, die Innenstadt zu neunzig Prozent und selbst die Vorstädte zu einem Drittel vernichtet worden waren, fielen in Halle nur sieben Prozent der Häuser den Kriegshandlungen zum Opfer. Auch in Dessau, als Hauptstadt Anhalts eine Alternative zu Magdeburg, waren drei Viertel aller Gebäude zerstört.

Andere behaupten, Halle sei als kommunistische Hochburg, als »rotes Herz Mitteldeutschlands« (Ernst Thälmann) den Sowjets politisch besonders genehm gewesen. Das klingt schon überzeugender als der Hinweis auf die Residenz der Magdeburger Erzbischöfe, die Halle zwar bis ins 17. Jahrhundert war, was aber auf die Besatzungsmacht keinen großen Eindruck gemacht haben dürfte, zumal sich weder die Moritzburg noch die Neue Residenz am Dom als einigermaßen brauchbare Regierungsgebäude anboten.

So mußten sich denn auch Regierung und Parlament mit der alten provinz-sächsischen Landwirtschaftskammer außerhalb der Innenstadt zufrieden geben, dem späteren Haus des Bezirksrates an der Willy-Lohmann-Straße, die früher Kaiserstraße hieß und standesgemäß auf den runden Kaiserplatz führte, den jetzigen Rathenauplatz.

Daß die Kassiererin daran zwar einen Augenblick lang gedacht hatte, sich aber nicht sicher war, spricht für die Ergebnisse kommunistischer Gehirnwäsche: Ihr war es gelungen, die Erinnerung an die kurze demokratische Nachkriegszeit nahezu vollständig auszulöschen. Denn die Mitbürger der weißhaarigen Dame, die an der Landtagswahl von 1946 teilgenommen haben, wußten erst recht keine Antwort. Sowohl der ältere Portier in der Galerie Moritzburg als auch ein Stadtführer im Rentenalter, der sich als Anhänger des im heutigen Vorort Reidebug geborenen Hans-Dietrich Genscher entpuppte, wurden bei der Frage verlegen.

Erst in der Halle-Information konnte der Landtagssitz aufgespürt werden, was einem Hinweis der Kassiererin zu verdanken war. Eine junge Verkäuferin, die danach noch niemand gefragt hatte, erkundigte sich im Rathaus. Dort wußte auch keiner auf Anhieb Bescheid, doch gelang es nach einiger Zeit, die Kenntnisse aus Halles jüngster Geschichte mit Hilfe des Stadtarchivs aufzufrischen und die parlamentarische Vergangenheit des früheren Bezirksratsgebäudes aufzuhellen, in das nach der Wende das Regierungspräsidium eingezogen ist.

Ein Gärtner war früher der Reichste

*Die Millionäre der
preußischen Provinz Sachsen*

Quedlinburg am Harz hat durch einen sächsischen
Herzog, einen deutschen Dichter und einen amerikanischen Dieb dreimal innerhalb eines Jahrtausends
Aufsehen erregt: 919 soll hier dem Herzog Heinrich
am »Finkenherd« die ostfränkische Königskrone angeboten worden sein; 1724 wurde einige Schritte weiter Friedrich Gottlieb Klopstock geboren; 1945 ver-
schleppte ein Offizier der US-Army kostbare Stücke
aus dem mittelalterlichen Stiftsschatz nach Texas.

Von dem königlich preußischen Ökonomierat
Gustav Adolph Dippe dagegen, der 1890 im Alter
von 66 Jahren an der italienischen Riviera gestorben
ist, dürften außerhalb seiner Heimat nur seine Berufs-
kollegen etwas gehört haben. Dabei hat der Quedlinburger den Grundstein zu einem im wahrsten Sinne
des Wortes »blühenden Unternehmen« von Weltruf
gelegt.

Als der frühere Berliner Regierungsrat Rudolf
Martin 1913 sein »Jahrbuch des Vermögens und Einkommens der Millionäre in Sachsen (Provinz)« vor-
legte, rieben sich die oberen Zehntausend in Deutschland verwundert die Augen. Denn als reichste Person
erschien dort weder der weithin bekannte Fürst zu

72

Stolberg-Wernigerode noch die Freifrau Barbara von Wilmowski in Merseburg, eine Schwester von Bertha Krupp, auch keiner der großen Maschinen- oder Zuckerfabrikanten, sondern zur allgemeinen Überraschung ein Handelsgärtner und Samenzüchter – Gustav Adolph Dippes Sohn Fritz, der zwölf Jahre zuvor wie sein älterer, inzwischen verstorbener Bruder geadelt worden war, um seine damals wenig standesgemäße Beschäftigung protokollarisch verkleiden zu können.

Wer sich von seiner Überraschung bei der Lektüre der Martin-Schrift erholt hatte und die provinzsächsische Millionärsliste weiter studierte, entdeckte auf dem zweiten Platz zwar erwartungsgemäß den Fürsten Stolberg-Wernigerode, aber unmittelbar danach Anna Esche, die Schwester Fritz von Dippes und Mitinhaberin der Handelsgärtnerei Gebr. Dippe in Quedlinburg. Erst auf Platz vier rangierte die Freifrau von Wilmowski, deren Schwester seinerzeit nicht nur als reichste Frau Deutschlands galt, sondern der als Einzelperson mit dem Krupp-Konzern in Essen wohl auch das größte deutsche Vermögen ihrer Zeit überhaupt – 187 Millionen Mark! – gehörte.

Noch heute ist es schwer, den Aufstieg der Familie Dippe nachzuvollziehen, glaubt man doch, das ganz große Geld sei vor dem Ersten Weltkrieg nur im Bankgeschäft, in der Schwerindustrie, im Bergbau und mit Grundstücksspekulationen verdient worden. Gustav Adolph Dippe, der die Leitung der väterlichen Gärtnerei schon als Minderjähriger übernommen hatte, muß eine sowohl botanisch als auch kommerziell geniale Begabung gewesen sein, denn es gelang ihm in wenigen Jahrzehnten, aus der ererbten Firma einen der größten Saatzuchtbetriebe der Erde mit 2000 Beschäftigten zu machen. Er verbesserte viele Gemüse- und Blumensorten, züchtete viele neue und erwarb sich laut Rudolf Martin »besondere Verdienste um die Kultur der Zuckerrübe.«

Die Firma Dippe, die er mit 7,5 Hektar übernommen hatte, erweiterte ihre Anbaufläche innerhalb eines Dreivierteljahrhunderts beinahe um das Vierhundertfache. Ein knappes Zehntel davon war Eigenbesitz, der größere Teil jedoch Pachtland. Darüber hinaus besaß Fritz von Dippe selbst zwei Rittergüter mit einem Umfang von zusammen 1360 Hektar, sein Neffe Gustav von Dippe ein Rittergut mit 1000 Hektar. Seine Nichten hatten gleich nach der Nobilitierung der Familie als glänzende »Partien« in den preußischen Uradel eingeheiratet – Lilly von Dippe den Freiherrn Joachim von Bredow, dem ein fast 2000 Hektar großes Gut im Havelland gehörte. Ihre Villa bei Danzig vermietete die Gärtnerstochter im Adelskostüm eine Zeitlang dem deutschen Kronprinzen, was der Familie kurz vor dem Untergang der Monarchie auch den Zugang zu den »höchsten Kreisen« bescherte.

Mit 76 Millionen Mark war das Vermögen der Dippes trotz großer Stiftungen für gemeinnützige Zwecke in der »guten alten Zeit« dreimal höher als das des Königs Friedrich August III. von Sachsen und hätte selbst dann das Gesamtvermögen des fürstlichen Hauses Stolberg um fünfzehn Millionen übertroffen, wäre dieses nicht längst in die Linien Stolberg-Wernigerode, Stolberg-Roßla und Stolberg-

Stolberg aufgesplittert gewesen. Die steinreiche Quedlinburger Gärtnersippe hingegen war nicht nur eng miteinander verwandt, sondern betrieb bis in die Zeit nach 1945 zusammen ein Familienunternehmen, das sie nach ihrer Enteignung zunächst in Herford, dann in Bad Salzuflen fortführte, ehe es in schwedische Hände überging.

Wofür die Stolbergs Jahrhunderte und gewiß nicht immer friedliche Mittel gebraucht hatten, war den Dippes in zwei Generationen allein aufgrund ihrer Kreativität gelungen: in die hauchdünne Schicht der deutschen Multimillionäre vorzustoßen. Selbst unter den gegenwärtigen Verhältnissen wäre die Kapitalakkumulation der Familie in jedem marktwirtschaftlichen System Westeuropas imposant; schließlich hätten ihre 76 Millionen, auf Goldbasis in heutige Währung umgerechnet, einen Wert von nicht weniger als 1,2 Milliarden DM (in Worten: eintausendzweihundert Millionen Deutsche Mark!).

Natürlich sind Martins Angaben – wie alle solche Berechnungen – mit Vorsicht zu genießen, denn sie stammen weder von den Millionären selbst noch wurden sie amtlich bestätigt. Aber im Gegensatz zu demokratischen Staaten wie der Weimarer und der Bonner Republik waren die privaten Vermögens- und Einkommensverhältnisse im autoritären Kaiserreich einigermaßen transparent, wie das nach wie vor in der Schweiz und in Schweden der Fall ist. So konnte sich Martin auf offizielle Statistiken stützen, die durchaus Rückschlüsse auf Privatpersonen zuließen. Nach 1918 wurden dann solche Angaben als strenges Geheimnis gehütet, weshalb sich die Vermögens- und

Einkommensentwicklung in den zwanziger und dreißiger Jahren nicht mehr systematisch weiterverfolgen läßt, obwohl sie sich durch die Kriegsverluste, die Inflation und die Weltwirtschaftskrise zum Teil drastisch veränderte.

Diese Entwicklung hat vor allem das Bank-, Industrie- und Handelskapital hart getroffen, während der Grundbesitz davon dann relativ unberührt blieb, wenn seine Liquidität gesichert war. Insofern darf nicht bloß die Größe, sondern muß auch die Stabilität der Vermögen in Rechnung gestellt werden, und in dieser Hinsicht schnitten bei ungeschmälerter Zahlungsfähigkeit vor allem die wenigen Standesherren des preußischen Sachsen gar nicht so schlecht ab. Der Präsident ihres gesamtdeutschen Vereins, jener Christian-Ernst Fürst zu Stolberg-Wernigerode, besaß 1911 zehn Domänen mit mehr als 14 000 Hektar und war damit der zweitgrößte Grundbesitzer der Provinz, obwohl er seine oberschlesische Herrschaft Ottowald mit 26 500 Hektar drei Jahre zuvor für rund sechzehn Millionen Mark veräußert und damit »vielleicht das größte Kaufgeschäft, welches... je in Deutschland unter Privatleuten vollzogen« wurde (Rudolf Martin), abgeschlossen hatte.

Seine Vettern, die Fürsten Jost Christian zu Stolberg-Roßla und Wolff-Heinrich zu Stolberg-Stolberg, nannten 9200 und 8800 Hektar Wald und Feld am Harz ihr eigen. (Dem Fürsten Stolberg-Roßla gehörte zudem die große Herrschaft Ortenberg in Hessen, die seinen Nachkommen auch geblieben ist.) Etwas kleiner war der provinzsächsische Grundbesitz des Herzogs Friedrich II. von Anhalt im Mansfelder

Seekreis; ihm gehörten darüber hinaus aber viele Rittergüter in der Mark Brandenburg, der Provinz Posen und natürlich in seinem eigenen Staat, wo der »Alte Dessauer« schon im 18. Jahrhundert dem Adel den meisten Boden abgenommen hatte, so daß seine Nachkommen angeblich insgesamt über mehr als 70 000 Hektar Land verfügen konnten.

Der größte Grundbesitzer der Provinz Sachsen war kein Standesherr, sondern der dreifache Millionär Hans Freiherr von Bodenhausen, genannt Degener, der im Mansfelder Gebirgskreis und im Landkreis Weißenfels über 18 000 Hektar bewirtschaftete. Selbstverständlich gab die Güte des jeweiligen Bodens und nicht die schiere Größe den Ausschlag für den Wert. Das traf und trifft bekanntlich vor allem auf die Magdeburger Börde und die Goldene Aue zu; in diesen fruchtbaren Gebieten lassen sich seit jeher die höchsten deutschen Ernteergebnisse erzielen.

Was sich dabei herausschlagen läßt, wenn auch noch tüchtige Landwirte am Werk sind, hat Johann Gottfried Boltze (1802 bis 1868) in Salzmünde bei Halle bewiesen. Seine »Tiefkultur« wurde zum Allgemeinbegriff. Boltzes Schwiegersohn Leopold Zimmermann und dessen Bruder Max konnten ein Gut nach dem anderen aufkaufen, so daß sie am Ende mit ca. 6400 Hektar nach den Fürsten Stolberg die größten Grundbesitzer im Regierungsbezirk Merseburg und mit einem Gesamtvermögen von 36 Millionen Mark (wovon acht im Königreich Sachsen versteuert wurden) die drittreichste Familie der Provinz geworden waren. Die Zimmermanns sind wie die Dippes geadelt worden, um die Unterschiede zwischen politischer und wirtschaftlicher Macht in Deutschland zu verschleiern und die neuen Reichen in die feudale Gesellschaft Preußens zu integrieren.

Leopold von Zimmermanns Tochter Ella heiratete 1906 den achtfachen Millionär Carl Wenzel auf Oberteutschental bei Halle, der seinerzeit zu den bedeutendsten Agrarindustriellen Deutschlands gehörte. In seinem Haus versammelte sich in den vierziger Jahren ein Kreis von Wirtschaftsführern, die in Opposition zum NS-Regime standen. Vor ihm entwickelte Leipzigs ehemaliger Oberbürgermeister Carl Goerdeler, der Kanzlerkandidat des deutschen Widerstands gegen Hitler, seine politischen Vorstellungen. Wenzel wurde am 13. November 1944 zum Tode verurteilt, weil er das ihm 1943 für den Fall eines erfolgreichen Staatsstreichs angebotene Amt eines Reichsministers für Ernährung und Landwirtschaft zwar abgelehnt, aber gegen Goerdeler keine Anzeige erstattet hatte.

Wenzel war trotz seiner Erfolge vor 1918 nicht darum bemüht, wie seine Schwiegereltern in den Adelsstand aufzusteigen. Bürgerlich ist auch die Familie Schaeper geblieben, die ebenfalls großen Grundbesitz erworben, das Geld dazu aber nicht nur in der Landwirtschaft verdient hatte. Ihre Mitglieder lebten in und bei Wanzleben, kamen aus der Zuckerindustrie und besaßen fast 2900 Hektar Land, auf denen zum größten Teil Rüben für ihre Fabriken angebaut wurden. Mit einem Gesamtvermögen von 20 Millionen Mark galt die Familie als siebtreichste der Provinz.

Der Maschinenfabrikant Rudolf Wolf in Magdeburg hinterließ seiner Witwe und seinen fünf Kindern bei seinem Tode 1910 ein vor allem für seine Landmaschinen in aller Welt bekanntes Unternehmen im Vorort Buckau und damit mehr als 25 Millionen Mark, also das viertgrößte Familienvermögen des preußischen Sachsens. Die Maschinenfabrik Buckau – R. Wolf AG (nach 1945 VEB Karl Liebknecht) wurde von seinen Söhnen fortgeführt und beschäftigte seinerzeit 3200 Mitarbeiter.

Die andere bedeutende Firma in Magdeburg-Buckau, die 1855 als Schiffswerft und Eisengießerei gegründeten Grusonwerke, war 1893 vom Krupp-Konzern übernommen worden (nach 1945 VEB Schwermaschinenbau Ernst Thälmann) und hatte 1910 4000 Beschäftigte. Der Sohn des Firmengründers, der »Privatier« Hermann Gruson, lebte als siebenfacher Millionär in der Elbstadt.

Bei seinem Tode war Rudolf Wolf der reichste Magdeburger, danach wurde es Wilhelm Zuckschwerdt, der Seniorchef des besonders im Zuckergeschäft tätigen Bankhauses Zuckschwerdt & Beuchel, das aus Zichorie- und Zuckerfabriken hervorgegangen war und früher auch Zucker exportiert hatte. Zusammen mit seinem Sohn Hermann schätzte man ihn auf 21 Millionen Mark, was die Familie als sechstreichste der Provinz auswies.

Nur um drei Millionen »ärmer« war die Familie des reichsten Hallensers, Johannes Lehmann, ebenfalls eines Bankiers mit den für das Land an Elbe und Saale typischen Zuckerinteressen, die bei ihm zugunsten von Braunkohle und Kali jedoch weniger ausgeprägt gewesen sind als bei seinem Magdeburger Kol-

legen. Lehmann, der auch königlich preußischer Lot-
terieeinnehmer war und viele kulturelle Institutionen
wie das Goethe-Theater in Bad Lauchstädt förderte,
rangierte mit seinen beiden Söhnen auf dem achten
Platz der Skala provinzsächsischer Familienvermögen.

Die Nachkommen des in der zweiten Hälfte des
vergangenen Jahrhunderts reichsten Mannes zwischen Salzwedel und Zeitz, des 1883 gestorbenen
Großindustriellen Carl Adolph Riebeck in Halle, sind
in Martins Jahrbuch überhaupt nicht vertreten: Rie-
becks Tochter Marie war mit dem Geologen Hermann Credner verheiratet, einem Professor der Leipziger Universität, und wurde im Königreich Sachsen
versteuert; ihre jüngere Schwester Johanna hatte den
1905 zum Freiherrn erhobenen General Schäffer-
Boyadel geehelicht, der in Schlesien eine 3500 Hektar
große Herrschaft besaß und deshalb dort veranlagt
wurde.

Ihr Vater war Gründer der A. Riebeckschen Mon-
tanwerke AG in Halle, in denen erstmals Braunkohle
in Briketts geformt wurde und wo aus ihr Mineralöl
und Paraffin gewonnen worden sind. Außerdem gehörte ihm die Leipziger Brauerei Riebeck & Co. AG
zu Reudnitz. 1911 ist das Familienvermögen auf mindestens 34 Millionen Mark geschätzt worden. Rie-
becks Bedeutung wurde 1909 durch die Heirat seiner
Enkelin, der Freiin Hildegard von Schäffer-Boyadel,
mit dem Kasseler Lokomotivenfabrikanten Carl
Henschel unterstrichen, einem der reichsten Deutschen seiner Zeit: Er besaß damals 49 Millionen
Mark.

Insgesamt wohnten vor dem Ersten Weltkrieg in der preußischen Provinz Sachsen 635 Millionäre bei rund drei Millionen Einwohnern, ein Millionär kam also auf 4691 Bürger. Im Königreich Sachsen gab es damals 1360 Millionäre; die »Millionärsdichte« war hier größer, denn schon unter 3089 Einwohnern lebte ein Millionär. Diese Feststellung trifft auch auf das gesamte Königreich Preußen zu, in dem bei insgesamt 34,5 Millionen Einwohnern (1900) jeder 4129. Bürger Millionär gewesen ist. (In den westlichen Bundesländern war vor der Wende jeder 688. Bürger Millionär.)

Fürsten, Banker und Verleger

Reiche und Superreiche im
Königreich Sachsen

Die Sachsen haben sich ihr neues Geld gewissermaßen selbst gedruckt. Zwar kam die DM aus dem Westen, wurde aber dort von der Firma Giesecke & Devrient fabriziert, die 1852 in Leipzig als Druckerei und Verlag gegründet worden war. Bis zum Zweiten Weltkrieg entwickelte sie sich zu einem der führenden Banknoten-Hersteller der Welt, danach wurde sie enteignet und in den VEB Deutsche Wertpapierdruckerei umgewandelt.

Siegfried Otto, der eine Nachfahrin des Mitbegründers Devrient geheiratet hatte, setzte nach seiner Rückkehr aus sowjetischer Gefangenschaft die Familientradition in München und später auch in Westberlin fort. Dort und im Ausland hat er sogenannte Sicherheitsdruckereien errichtet, die längst nicht mehr nur Banknoten und Wertpapiere, sondern auch Schecks und Telefonkarten herstellen. Der Devrient-Schwiegersohn war damit so erfolgreich, daß ihn das deutsch-amerikanische Wirtschaftsmagazin »!Forbes« kurz nach der Wende für einen der einundachtzig Milliardäre Westdeutschlands hielt: Mit einem Vermögen von »mindestens 2,4 Milliarden DM«, das ihm »!Forbes« unterstellte, wäre er damals der reichste BRD-Unternehmer aus Sachsen gewesen, was bei einem Jahresumsatz von 1,3 Milliarden DM (1996) seiner Firma, deren Leitung er inzwischen abgeben mußte, nicht sehr wahrscheinlich ist.

Während die Inhaber von Giesecke & Devrient schon 1912 in Rudolf Martins »Jahrbuch des Vermögens und Einkommens der Millionäre im Königreich Sachsen« an prominenter Stelle auftauchen, gehören zwei andere sächsische Familien aus dem westdeutschen Milliardärsclub zu den Aufsteigern der Zwischenkriegszeit: Über mehr als eine Milliarde DM sollen die Erben des Rothenkirchener Perückenmachers Franz Ströher und der Dresdner Hausfrau Melitta Bentz verfügen.

Frau Bentz hatte den Kaffeefilter erfunden und für dessen Produktion 1908 einen kleinen Familienbetrieb gegründet, der 1929 ins westfälische Minden verlegt wurde. Nachdem das Unternehmen 1935 die Filtertüte und seinen weißen Porzellanfilter vorgestellt hatte, machte der Name Melitta rund um den Globus Karriere. Nach 1945 weitete die Familie Bentz ihr Geschäft erheblich aus; neben Melitta-Kaffee und Granini-Fruchtsäften vertreiben die sächsischen Frühauswanderer in Minden auch Staubsauger, Brillenputztücher und beinahe zweihundert andere Erzeugnisse, die ihnen 1996 weltweit Umsatzerlöse von zwei Milliarden DM bescherten.

Beinahe das Doppelte setzten im selben Zeitraum die Ströher-Erben mit Haar- und Körperpflegemitteln um. Ihre 1880 im Vogtland gegründete Firma, seit der Nachkriegszeit in Darmstadt ansässig, verdankt ihren Erfolg und ihren Namen Wella der Erfindung der Dauerwelle in den zwanziger Jahren. Nach dem Krieg hat Wella auch weltbekannte Marken wie 4711 und Madame Rochas gekauft.

Daß die Firma zu den drei größten Kosmetikunternehmen der Erde gehört, ist das Verdienst des Gründerenkels Karl Ströher, der über seine Branche hinaus als bedeutender Sammler moderner Kunst bekannt wurde: Neben den Werken des deutschen Expressionismus, der Ecole de Paris und der Pop Art hat er sich besonders für die Arbeiten des heftig umstrittenen Joseph Beuys interessiert, der von allen deutschen Künstlern der Gegenwart international das größte Aufsehen erregt hat.

Der avantgardistische Sammler hatte unter den Millionären im alten Sachsen eine Vorläuferin: die Fabrikantentochter Ida Bienert in Dresden, die 1911 eine Landschaft von Cézanne erworben hatte und im Laufe der Jahre mit Bildern von Renoir, Monet, van Gogh, Gauguin, Picasso, Kandinsky, Klee, Kokoschka, Chagall, Mondrian, Feininger, Marc und Schlemmer die einzige große Privatsammlung moderner Kunst in der sächsischen Landeshauptstadt zusammentrug.

Das Geld dafür stammte von ihrem Vater, einem schlesischen Textilindustriellen, dessen Vorfahren von Gerhart Hauptmann in seinem Schauspiel »Die Weber« aufs Korn genommen worden waren, und von ihrem Schwiegervater Gottlieb Traugott Bienert. Dieser ist aus kleinen Anfängen heraus zum größten Mühlenbesitzer des Landes aufgestiegen und versteuerte bei seinem Tode 1894 in Sachsen das zweithöchste Einkommen. Seine beiden Söhne wurden achtzehn

Jahre später im Jahrbuch der sächsischen Millionäre mit einem Vermögen von je neun Millionen aufgeführt, was auf Goldbasis in DM umgerechnet heute zusammen 270 bis 300 Millionen entspricht, wenn man Grundstückspreissteigerungen außer acht läßt. Bienerts fünf Töchter dürften noch einmal soviel geerbt haben.

Reicher als Gottlieb Traugott Bienert war 1894 nur der Freiherr Felix von Kaskel, der fünf Monate vor ihm starb. Aus dem Bankhaus seines Vaters, der 1867 geadelt worden war, ist 1872 die Dresdner Bank hervorgegangen. Er hatte die Tochter des Bankiers Simon Freiherr von Oppenheim geheiratet, der als reichster Mann der Stadt Köln galt. Die Baronin Kaskel soll von ihren Eltern in den achtziger Jahren sechs Millionen Mark geerbt haben. Zusammen mit einem Drittel aus dem Nachlaß ihres Mannes wurde die Witwe nach Bienerts Tod die zweitreichste Person Sachsens: Auf 21 Millionen Mark ist ihr Vermögen vor dem Ersten Weltkrieg geschätzt worden.

Vier Millionen mehr besaß seinerzeit König Friedrich August III. In Sachsen selbst gehörten ihm nur die Rittergüter Helfenberg, Jahnishausen und Gönsdorf mit zusammen 707 Hektar, das Weingut Wachwitz und zwei Villen in und bei Dresden, während das Residenzschloß, das Taschenbergpalais und die Schlösser Pillnitz, Moritzburg, Groß-Sedlitz und Wärmsdorf Staatsbesitz waren, die dem Monarchen lediglich zur Nutzung überlassen wurden.

Der eigene Grundbesitz im Königreich soll damals zweieinhalb Millionen wert gewesen sein. Zu den Superreichen zählten die sächsischen Herrscher erst seit 1884, als der kinderlose Herzog Wilhelm von Braunschweig König Albert seine riesigen Besitzungen in Schlesien vermachte: nicht weniger als 32 Rittergüter, die mit fast 23 000 Hektar mehr als doppelt so umfangreich waren wie der größte geschlossene Grundbesitz der preußischen Königsfamilie im ebenfalls schlesischen Öls! Mittelpunkt der wettinischen Zwanzig-Millionen-Herrschaft dort war Schloß Sibyllenort bei Breslau, wohin sich Friedrich August III. nach seiner Abdankung 1918 zurückzog und wo er 1932 auch gestorben ist.

Der König war mit einem Gesamtvermögen von 25 bis 26 Millionen (einschließlich seines Wertpapierbesitzes) einer von acht Ur- und Altadligen unter den fünfzig reichsten Sachsen der Zeit vor dem Ersten Weltkrieg. Außer ihm gehörten dazu der Fürst Otto Victor von Schönburg-Waldenburg mit sechzehn Rittergütern (7600 Hektar), der Graf von Hohenthal (aus der bereits 1717 geadelten Leipziger Patrizierfamilie) mit dreizehn Rittergütern, davon acht in Sachsen (5000 Hektar), die Gräfin Sara Henckel von Donnersmarck als Miterbin schlesischer Steinkohlengruben, Zinkhütten und Papierfabriken, der Graf Joachim von Schönburg-Glauchau mit fünf Rittergütern (3380 Hektar), der Graf Adam Ferdinand Schall-Riaucour mit zehn Rittergütern (3700 Hektar), Wilhelm von Minckwitz mit einem Rittergut (650 Hektar) und der Millionen-Erbschaft eines Leipziger Bankiers sowie Achim Arno von Arnim mit fünf Rittergütern, davon vier in Sachsen (1900 Hektar), und den Planitzer Steinkohlengruben.

Mit Steinkohlen ist auch die Familie des Freiherrn

Maximilian Dathe von Burgk wohlhabend geworden; der Freiherr war 1912 die drittreichste Person in
Sachsen. Da die Gruben in der Umgebung von Dresden lagen, warfen sie mehr Erträge ab als die Arnimschen Werke bei Zwickau. Auf diese Weise waren die
Dathes schon in der ersten Hälfte des vergangenen
Jahrhunderts so vermögend geworden, daß sie Rittergüter kaufen und Wohltätigkeit üben konnten, was
ihnen 1822 den Adel einbrachte.

Zum Geldadel gehörten außer den Kaskels und
Dathes sechs weitere Millionäre unter den reichsten
Sachsen. Zur Spitzengruppe zählte dabei der Leipziger Verleger Bernhard Freiherr von Tauchnitz, dessen Edition die anglo-amerikanische Literatur in
Deutschland in der Originalsprache zugänglich gemacht hat. Der Verlag war von seinem Vater, der
1860 geadelt wurde, im Jahre 1837 gegründet worden; er hatte auch den Grundstock des großen Vermögens gelegt.

Auffallend viele Leipziger waren im 19. Jahrhun-
dert zu viel Geld gekommen, wie sich dem Millionärs-
Jahrbuch entnehmen läßt. Dort tauchen neben
Tauchnitz weit vorn so bekannte Verlagsnamen wie
Brockhaus, Bibliographisches Institut (beide heute in
Mannheim), Teubner und Reclam (beide heute in und
bei Stuttgart) auf. Addiert man das Familienvermö-
gen, kamen Häuser wie Tauchnitz, Brockhaus und
Meyer (Bibliographisches Institut) auf gut dreißig
Millionen, womit seinerzeit der längst in Grund und
Boden angelegte Besitz der Klassiker-Verleger Cotta
in Stuttgart um fünfzig Prozent übertroffen wurde.
Selbst die Reclams kamen noch auf fast acht Millio-

nen – eine Summe, die Alfred Ackermann, Schwieger-
sohn des Schulbuchverlegers Benedictus Gotthelf
Teubner, und Joseph Petermann vom Verlag Otto
Spamer allein besessen haben sollen.

Mit dem Leipziger Verlagsbuchhandel ist auch die
Familie Thieme verbunden gewesen, deren Wohlstand freilich vor allem aus der Eisenhandlung C. F.
Weithas stammte. Sie wurde Anfang des Jahrhunderts von Alfred Thieme geführt, der zeitweise Präsident der Leipziger Handelskammer und Vorsitzender
des Aufsichtsrates der Allgemeinen Deutschen Cre-
dit-Anstalt war, in der sich die wirtschaftliche Macht
der führenden Familien der Messestadt konzen-
trierte. Sein Bruder Georg gründete den medizini-
schen Verlag Thieme, der heute in Stuttgart ansässig
ist. Georgs und Alfreds Bruder Ulrich war einer der
beiden Herausgeber des »Allgemeinen Lexikons der
bildenden Künstler«, das unter der Kurzbezeichnung
»Thieme-Becker« zum Standardwerk geworden ist.

Mit der Kunst ist die Familie Thieme auch noch auf
andere Weise verbunden: Wichtige Werke des Leipziger Museums wie Bilder von Frans Hals und Jacob
van Ruisdael sowie weiterer holländischer Meister
sind entweder von ihr 1886 gestiftet oder 1916 aus
der Galerie Alfred Thieme erworben worden. Dagegen ist die Sammlung des Freiherrn Maximilian Speck
von Sternburg, zu der u. a. Bilder von Lucas Cranach
d. Ä., Peter Paul Rubens und Caspar David Friedrich
gehörten, erst 1996 durch Stiftung dauerhaft ins
Museum gelangt, nachdem eines ihrer Meisterwerke,
Rogier van der Weydens »Heimsuchung«, angekauft
werden konnte – auch wenn es in einem Katalog von

1973 irreführend hieß: »Erworben 1945«. In Wirklichkeit sind diese Werke damals ebenso wie der Grundbesitz und die Brauerei des dreifachen Millionärs enteignet worden.

Das trifft auch auf den meisten Besitz der bürgerlichen Multimillionäre aus der Zeit vor dem Ersten Weltkrieg zu. Unter ihnen waren bekannte Namen wie der siebenfache Rittergutsbesitzer (3500 Hektar, davon 1200 in Sachsen) Walter Naumann, Hauptaktionär einer großen Nähmaschinen- und Fahrradfabrik in Dresden. Sie ist eine Gründung seines Vaters gewesen, der das mittlere der drei Loschwitzer Schlösser besaß. Es ging später in den Besitz von Carl Lingner über, der in seiner Jugend Schreiber bei Naumann war.

Lingner hat wie Naumann und Bienert ganz von unten angefangen und wie diese in einem Menschenalter ein enormes Vermögen angehäuft. Seine Erfolgsformel hieß Odol. Mit ihren Erträgen konnte er nicht nur Schlösser in Dresden-Loschwitz und Tarasp (Engadin/Schweiz) finanzieren, sondern auch zahlreiche Stiftungen, von denen das Deutsche Hygiene-Museum in Dresden seine bedeutendste war. Das Loschwitzer Schloß vermacht der Junggeselle, der als Gründer der deutschen Markenartikelindustrie gilt, bei seinem Tode 1916 der Stadt Dresden; Tarasp sollte in den Besitz des sächsischen Königs übergehen, der das an einige Bedingungen geknüpfte Erbe aber ausschlug, weshalb der Großherzog von Hessen an seine Stelle trat.

Neben dem Hygienemuseum erinnert in Dresden ein weiteres Gebäude an einen steinreichen Unternehmer der Vergangenheit: die nach indischen Vorbildern erbaute Tabakwarenfabrik Georg A. Jasmatzi in der Nähe des Altstädter Elbufers. Generaldirektor und bis zur Fusion mit dem Reemtsma-Konzern zugleich Hauptaktionär war Ernst Friedrich Gütschow, der mit seinen Zigaretten ebenso rasch Millionen gescheffelt hatte wie Carl Lingner mit seinem Odol.

Nur mit der Zersplitterung des Familienvermögens durch Erbteilung läßt es sich erklären, daß die weltberühmten Leipziger Klavierbauer Blüthner in der alten Millionärsliste relativ weit hinten auftauchen. Zählt man die Einzelsummen zusammen, dann ergibt sich das enorme Vermögen von mehr als siebzehn Millionen Mark. Auch die ehemalige Hofpianofortefabrik von Julius Blüthner ist nach Kriegsende »volkseigen« geworden; sie wurde nach der Wende wieder privatisiert.

Die traditionelle Maschinen- und Textilindustrie Sachsens hat es auf dem Weltmarkt schwerer. Vor dem Ersten Weltkrieg galt der Baumwollwebereibesitzer Reinhold Hoffmann aus Neugersdorf bei Löbau als reichster Textilindustrieller des Landes; insgesamt hatten die verschiedenen Zweige des Hoffmann-Clans in mehreren Betrieben sage und schreibe 47 Millionen Mark zusammengewirtschaftet, was sie freilich nie an die große Glocke gehängt haben.

Ein ähnlicher Fall sind die (allerdings bei weitem nicht so reichen) Inhaber der Leipziger Großbuchhandlung Koehler & Volckmar, die Familien Volckmar, Koehler, Vörster, Ziegler und Cyriacus. Addiert man ihre Vermögen, wird rasch deutlich, daß sie es durchaus mit den großen Verlegerfamilien Tauchnitz, Brockhaus und Meyer und auch mit den (als zehnfache Millionäre wohl ohnehin zu niedrig eingeschätzten) Brüdern Herfurth von den »Leipziger Neuesten Nachrichten« aufnehmen konnten, aber nicht wollten, um ihre Kunden nicht zu irritieren. Im Gegensatz zu den anderen Buchgrossisten der Messestadt konnte die Firma ihre starke Stellung nach 1945 nicht nur behaupten, sondern ausbauen, weil sie bereits lange vor dem Ersten Weltkrieg einen Stuttgarter Konkurrenten aufgekauft hatte, dessen Betrieb heute der Mittelpunkt des großen Familienunternehmens ist.

Während sich die Entwicklung von Koehler & Volckmar bis in unsere Tage verfolgen läßt, ist das bei anderen Firmen nicht möglich. So ist Martins Millionärsliste in ihrer Art einmalig geblieben. Sie schätzte das gesamte Vermögen von 125 501 natürlichen Personen, die steuerlich im Lande erfaßt waren, vor dem Ersten Weltkrieg nominal auf rund 8,8 Milliarden Mark – etwa jenen Betrag, den 1990 der reichste Deutsche laut »!Forbes« allein sein eigen nannte: Erivan Haub im nordrhein-westfälischen Mühlheim, der die Ladenkette Tengelmann geerbt hat.

Wie stark war König August wirklich?

Der populäre Barockfürst hatte
viele polnische Vorfahren

Er war wohl nicht eigentlich das, was man gemeinhin unter einem schönen Mann versteht. Aber mit seinem dunklen Haar, seinen buschigen Augenbrauen, seinem großen sinnlichen Mund und der für die Wettiner typischen langen Nase wirkte er, glaubt man den Augenzeugen und betrachtet man seine Portraits, überaus männlich. Das wurde auch durch seine Körperlänge unterstrichen; nach heutigen Maßstäben nur mittelgroß, überragte er mit 176 cm die meisten seiner Zeitgenossen. Kurzum, August der Starke ist eine imponierende Erscheinung gewesen, die selbst ohne Königskrone und Kurhut Erfolg bei Frauen gehabt hätte, zumal er sehr charmant war und weltgewandt auftrat.

War er auch wirklich stark, wie sein Beiname unterstellt, den er als einziger deutscher Fürst führt? Viele Schilderungen seiner unerhörten Körperkraft stammen sicher ebenso aus dem Reich der Fabel wie die Gerüchte über seine angeblich unzähligen Kinder. Dennoch gibt es nicht nur verbürgte Erzählungen über seine athletischen Kunststücke und seine offenbar unversiegliche Potenz, sondern auch einige handfeste Beweise in Form von zerbrochenen Hufeisen, zusammengerollten Silbertellern, zerdrückten Metallbechern – sowie acht unehelichen Töchtern und Söhnen. Da er sich fast jedes Frühjahr im Dresdner Zeughaus wiegen ließ, wissen wir zudem, was er gewogen hat: als 42jähriger 1712 121,4 Kilo, als 60jähriger 1730 106,5 Kilo. Stark war er also in mehrfacher Hinsicht!

Augusts Beiname (der erst nach seinem Tode in Mode kam) meint aber noch etwas anderes, was mit Kraft, Potenz und Gewicht nichts zu tun hat. Denn er beeindruckte darüber hinaus durch seinen Griff nach der polnischen Krone, durch seine nur von Ludwig XIV. in Versailles übertroffene Prachtentfaltung, durch seinen großen Kunstverstand und, was oft vergessen wird, durch seine weitschauende Wirtschaftspolitik. Nicht allein Dresdens Zwinger, seine Gemäldegalerie und sein Grünes Gewölbe, das Meissener Porzellan und die (freilich aus ganz anderen Quellen gespeiste) Musik Johann Sebastian Bachs gehören zum Augusteischen Zeitalter – auch die Leipziger Messe, der Bergbau und die vielen Manufakturen, die den Wohlstand des Landes begründeten, sind unter ihm aufgeblüht. Sachsen war damals, wie Ricarda Huch in ihrer »Deutschen Geschichte« schreibt, »das Land des Gewerbefleißes« – und »kulturell herrschend im Reich«.

Daß hier die bleibende Lebensleistung des Königs liegt, ist lange übersehen worden, weil Friedrich II. von Preußen, seine Schwester Wilhelmine von Brandenburg-Bayreuth und in ihrem Gefolge sowohl von den konkurrierenden Hohenzollern als auch vom sittenstrengen Protestantismus inspirierte Historiker das Bild August des Starken verzerrt und verdunkelt haben. Tatsächlich war der König der Inbegriff eines genußsüchtigen Barockfürsten mit all seinen Vorzügen und Lastern, kein braver Hausvater und Tugendbold, der konsequent seine politischen Ziele durchzusetzen versuchte. Phantasiebegabt bis hin zu utopischen Vorstellungen, sprunghaft mit einem Zug ins Mißtrauische, kultiviert und unmoralisch, eher Taktiker als Stratege wollte er immer mehr, als er erreichen konnte. Aus ihm einen großen König zu machen, wäre nicht gerechtfertigt; da er jedoch kein mittelmäßiger, sondern ein weit über den Durchschnitt herausragender Herrscher war, wurde aus ihm eben ein starker – seiner Kraft, seiner Potenz, seines Gewichts und seiner Bedeutung wegen.

Mit Kurfürst Friedrich dem Weisen, dem Beschützer Luthers, Kurfürst Moritz, einem Gegenspieler Kaiser Karls V., dessen »Vater August« genannten Bruder, Großherzog Carl August, dem Freund Goethes, dem belgischen König Leopold I. und dem britischen Prinzgemahl Albert, dem politisch sehr einflußreichen Ehemann der Queen Victoria und Stammvater des heutigen Hauses Windsor, haben die Wettiner weitere bedeutende Fürsten hervorgebracht, doch ist keiner so populär geworden wie August der Starke – allenfalls Sachsens letzter und auch schon legendärer König Friedrich August III.

Die Popularität August des Starken läßt sich in der deutschen Geschichte nur mit der Ottos des Großen, Friedrich Barbarossas, Heinrichs des Löwen, der heiligen Elisabeth, Liselottes von der Pfalz, des Prinzen Eugen, des alten Fritz, Maria Theresias, der Königin

Luise und, wenn auch in diesem Fall aus anderen Gründen, mit der des Bayern-Königs Ludwig II. vergleichen. Viele Züge, die Augusts Popularität ausmachen, erklären sich aus seiner Vitalität, deren mögliche Ursprünge erst in unserem Jahrhundert aufgespürt wurden. Kein deutscher Fürst, so fand der Historiker Erich Brandenburg 1937 heraus, hat so viel polnisches Blut in seinen Adern gehabt wie dieser erste König aus der Dynastie der Wettiner: Nicht weniger als 15,3 Prozent der 8191 urkundlich belegten Ahnen des Königs gehörten zu den Herrscherhäusern der Piasten und Jagellonen.

Meissens Drachen
stammen aus Japan

Schon für Theodor Fontane galt das Zwiebelmuster
als bürgerliches Statussymbol

Das europäische Porzellan wurde nicht in Meissen, sondern in Dresden erfunden. Dort führte der Alchimist Johann Friedrich Böttger (1682 bis 1719) auf der heutigen Brühlschen Terrasse unter Anleitung des Naturwissenschaftlers Ehrenfried Walther von Tschirnhaus (1651 bis 1708) zahlreiche keramische Experimente durch. Tschirnhaus und Böttger gelang 1706 die Erzeugung von rotem Steinzeug, das, nicht ganz korrekt, »Böttger-Porzellan« genannt wird. Nach dem Tode von Tschirnhans, im März 1709, meldete Böttger, nun könne er »den guthen weißen Porcellain«, herstellen, »welches dem Ost-Indianischen wo nicht vor, doch wenigstens gleich kommen sollte«.

Anfang 1710 gab die Dresdner Hofkanzlei ihre Absicht bekannt, die erste europäische Porzellanmanufaktur zu gründen. Sie wurde Mitte des Jahres in der spätgotischen Albrechtsburg von Meissen untergebracht (1863 übersiedelte sie ins Triebischtal am Rande der Stadt). Seitdem spricht man von »Meissener Porzellan« (die frühere Schreibweise »Meißen« und »Meißner Porzellan« wurde in jüngster Zeit aufgegeben, weil der Buchstabe »ß« in fremden Sprachen unbekannt und selbst im deutschsprachigen Teil der Schweiz nicht mehr gebräuchlich ist). Nur in Großbritannien heißt es »Dresden China«.

Die englische Bezeichnung China für Porzellan erinnert daran, daß im Reich der Mitte schon im siebten Jahrhundert unter der Tang-Dynastie gelang, was Tschirnhaus und Böttger mehr als ein Jahrhundert später glückte. 1295 hatte Europa durch den venezianischen Kaufmann Marco Polo erstmals Kunde von der neuen weißen Keramik erhalten, die später an den Fürstenhöfen des Abendlandes zu den größten Kostbarkeiten zählen sollte. Was in Wirklichkeit aus China, später aus Korea und Japan stammte, wurde in Europa lange als »indianisch« bezeichnet, womit »indisch« gemeint war – vermutlich deshalb, weil vor allem die Ostindischen Handelskompanien der Briten, Holländer und Franzosen das Porzellan importierten.

Böttger hat diese begehrte Ware zwar nacherfunden, aber es dauerte lange, bis für die europäischen Produkte ein eigener Dekorationsstil entwickelt wurde. Vor dem 19. Jahrhundert wurden die ostasiatischen Porzellane mit ihren typischen Verzierungen bis hin zu den Markenzeichen kopiert. Die Nachahmung dieser kostbaren Porzellane und ihrer Dekorationen bestimmte im 18. Jahrhundert weitgehend die Entwicklung der europäischen Keramik. Die Meissener Manufaktur erhielt aus den Sammlungen August des Starken immer wieder schöne chinesische und japanische Stücke mit der Aufforderung, deren Dessin zu kopieren. Die meisten dieser Vorbilder sind noch heute in der außerordentlich reichhaltigen Por-

zellansammlung von Dresden vorhanden, zum Beispiel das rote »Drachenmuster«. Es wurde erstmals
1728/29 in Eisenrot und Gold für ein Service verwen-
det und war in dieser Farbe (als »Roter Hofdrache«)
bis 1918 den sächsischen Herrschern vorbehalten,
während man es in den anderen Farben schon sechzig
Jahre vorher für den allgemeinen Verkauf freigegeben
hatte, so in Gelb, Purpur, Violett, Grün, Schwarz, in
Unterglasur- und in Aufglasurblau.

Das »Drachenmuster« ist eine ziemlich genaue Ko-
pie einer japanischen Vorlage, die um 1700 in den
Werkstätten von Arita angefertigt wurde. Das Dekor
soll speziell für den europäischen Markt entworfen
worden sein, kommt aber als Kombination von Dra-
chen und kämpfenden Hähnen schon hundert Jahre
früher auf chinesischen Porzellanen vor, die vor dem
Ende der Ming-Dynastie entstanden sind. Noch heute
erfreuen sich solche und ähnliche Muster, zum Beispiel »Indisch Grün«, großer Beliebtheit, auch wenn
inzwischen europäische Blumen- und Vogeldekora-
tionen viele Freunde gewonnen haben.

Das berühmte »Blaue Zwiebelmuster« wird 1739
erstmals erwähnt. Auch dafür finden sich Vorbilder
unter chinesischen Porzellanen; in Meissen wurden
dann aus Mandarinen, Granatäpfeln und Pfirsichen
Früchte, die als Zwiebeln gedeutet werden können.
Dieses Muster ist vor hundert Jahren zum Inbegriff
des Meissener Porzellans schlechthin geworden.
»Jetzt muß es Meissener Zwiebelmuster oder Ähnli-
ches sein . . .«, schreibt bereits Fontane in den Erinnerungen an seine Kindheit und deutet damit an, daß
der Besitz von solchem Geschirr zum bürgerlichen

Statussymbol geworden war. Kein Wunder, daß es in vielen Ländern nachgeahmt wird – selbst in Japan. Insgesamt etwa vierzig Firmen haben es inzwischen mehr oder weniger exakt kopiert. Die Meissener Manufaktur versucht sich dagegen zu schützen, indem sie ihre Produkte zusätzlich kennzeichnet: Ihr Markenzeichen, die blauen Schwerter, werden beim »Zwiebelmuster« nicht nur auf der Rückseite, sondern auch im Fuß des Bambusstammes auf der Schauseite angebracht.

Nach dem »Blauen Zwiebelmuster« gehört die »Meissener Rose« neben den »Streublümchen«, dem »Weinlaub«, dem »Drachenmuster« und »Indisch Purpur« zu den beliebtesten Dekors der ehedem königlichen Porzellanmanufaktur an der Elbe. Die Rose mit der Schwertermarke wird zur manieristischen Malerei gezählt, deren Einzelblumen oder Blumengruppen nicht natürlich, sondern in dekorativ veränderter Weise dargestellt werden. Die Anfänge dieser Malweise reichen ins 18. Jahrhundert zurück. Speziell der Rosendekor stammt aus der Biedermeierzeit, in der unter klassizistischem Einfluß auch die Serviceform »Schwanenhenkel« entworfen wurde. Bis weit ins 20. Jahrhundert hinein teilte sie ihre Popularität mit der ebenfalls im Biedermeier entstandenen Form »Schlangenhenkel« und dem »Neuen Ausschnitt«, der heutzutage meistproduzierten Serviceform der Manufaktur überhaupt.

Der »Neue Ausschnitt«, im Mai 1745 entstanden, geht auf den genialen Johann Joachim Kaendler (1706 bis 1775) zurück, der als eigentlicher Schöpfer des europäischen Porzellanstils gilt. Kaendler und seine Mitarbeiter haben auch die Service mit dem »J«-förmigen Henkel entwickelt, der schon in der Böttger-Zeit bei bestimmten Tassen auftaucht. In der zweiten Hälfte des 19. Jahrhunderts kommen dann beim Tafelgeschirr Formen auf, in denen verschiedene Stilelemente dem historistischen Geschmack des gehobenen Bürgertums angepaßt wurden.

Während die Jugendstilporzellane aus Meissen trotz der Entwürfe so bedeutender Künstler wie Riemerschmid und van de Velde nur ein ausgesuchtes Publikum begeisterten, haben die modernen Serviceformen von Paul Börner (1888 bis 1970) und der »Große Ausschnitt« von Ludwig Zepner (geb. 1931) einigen Anklang gefunden. Daneben konnten sich alte Formen mit durchbrochenen Rändern und Reliefzieraten behaupten. Die Beliebtheit von »Weinlaub«, »Streublümchen«, »Meissener Rose« und vor allem »Zwiebelmuster«, in der Manufaktur polemisch »Zofenporzellan« genannt, erreicht kein modernes Dessin, und Kändlers »Neuer Ausschnitt« triumphiert über alle Experimente der letzten Jahre. Käufer von Tafelgeschirr sind eben traditioneller als Produzenten; Liebhaber von Porzellanfiguren reagieren dagegen anders, wie der anhaltende Erfolg der »Hentschel-Kinder« aus der Jugendstilepoche oder Meissener Plastiken von Barlach und Marcks beweisen.

Die Russische Treppe in Dresden

An der Brühlschen Terrasse
läßt sich das Schicksal Sachsens ablesen

Sind die Dresdner undankbar oder nur, was bei ihnen verwundern würde, adelsfeindlich? Die Frage stellt sich, wenn man vor dem »Italienischen Dörfchen« am Theaterplatz steht und zur Brühlschen Terrasse hinüberblickt. Denn der Name der 1911/13 von Stadtbaurat Hans Erlwein errichteten Gaststätte erinnert an die vielen Handwerker, die Gaetano Chiaveri von 1737 an zum Bau der katholischen Hofkirche aus seiner südlichen Heimat nach Dresden geholt und zwischen Elbe und Zwinger angesiedelt hatte. Die Treppe der nahe gelegenen Terrasse dagegen muß auf ein erklärendes Adjektiv verzichten, obwohl sie im Jahre 1814 von einem russischen Fürsten in Auftrag gegeben wurde.

Dieser Fürst, Nikolai Repnin-Wolkonski, war am 9. Dezember 1813 Gouverneur von Sachsen geworden, wenige Wochen nach dem Sieg der »Hohen Alliierten Mächte« Rußland, Österreich, Preußen und Schweden über die Truppen Napoleons und des mit ihm verbündeten Königs Friedrich August I. in der Völkerschlacht bei Leipzig. Die französische Garnison von Dresden kapitulierte zwar erst am 11. November, aber der sächsische König war schon am

19. Oktober in Leipzig gefangengenommen und nach Berlin abgeführt worden.

Den Dresdnern war seinerzeit ein russisches Besatzungsregime lieber als ein preußisches, dem sie am Ende doch nicht entgingen. Schließlich war bekannt, daß es der größere Nachbar im Norden darauf abgesehen hatte, sich das Königreich der Wettiner einzuverleiben, wie das schon Friedrich II. vorschwebte, der Preußen bis auf den Gebirgskamm zwischen Krakau und Eger nach Süden ausdehnen wollte und dieses geopolitische Ziel auch seinen Nachfolgern testamentarisch ans Herz legte. Die Berliner Expansionsabsichten wurden nicht zuletzt deshalb in Dresden übel vermerkt, weil Preußen im Oktober 1806 das damals mit ihm verbündete Sachsen in seine verheerende Niederlage gegen die Franzosen bei Jena und Auerstedt verwickelt hatte. Friedrich August blieb danach gar nichts anderes übrig, als in einem Friedensvertrag Napoleon Waffenhilfe zuzusagen und dem Rheinbund beizutreten, den Frankreichs süd- und westdeutsche Satelliten wenige Monate zuvor zur Unterstützung der Pariser Hegemoniepläne abschließen mußten und der im August das Ende des Heiligen Römischen Reiches Deutscher Nation herbeigeführt hatte.

Daß der sächsische König dem Kaiser der Franzosen bis zum bitteren Ende die Treue hielt, hatte seine Ursache nicht etwa in einer plötzlich entdeckten Vorliebe des auf seine Herkunft aus einem der vornehmsten Fürstenhäuser Europas stolzen Monarchen für den Emporkömmling aus Korsika. Es entsprach vielmehr seinem Charakter, der es ihm verbot, einmal abgeschlossene Verträge aus Gründen der politischen

Zweckmäßigkeit zu brechen. Hätte er sich opportunistisch verhalten wie die sonst so standesbewußten Herrscher in Süddeutschland, die zuerst ihre Kinder in die Betten der napoleonischen Verwandtschaft kommandierten und dann in letzter Minute von Frankreich abfielen, als sich dessen Niederlage abzeichnete, wäre auch dem eher biederen sächsischen König vieles erspart geblieben.

Ganz ungeschoren hätten die Alliierten Sachsen freilich sicher auch dann nicht davonkommen lassen. Denn Preußen benutzte die Bündnistreue Friedrich Augusts nicht zuletzt als Vorwand, um seine alten Pläne zu realisieren und den wohlhabenden Nachbarn im Süden zu vereinnahmen. Daß es hier um einen Vorwand ging, geht schon aus der Überlegung hervor, die in Dresden regierende albertinische Linie der Wettiner mit rheinischen Gebieten zu entschädigen, die sich um die ehedem kurkölnische Residenz Bonn gruppieren sollten.

Solche Überlegungen wurden zeitweise auch vom russischen Zaren Alexander I. unterstützt, dem Herzog Carl August von Sachsen-Weimar-Eisenach, der Schwiegervater seiner Tochter, mit dem Ansinnen in den Ohren lag, ihm ganz Sachsen zu übereignen. Damit wäre nicht nur die Wittenberger Kapitulation von 1547 rückgängig gemacht worden, sondern neben dem Kurkreis auch die albertinische Markgrafenschaft Meißen an die ernestinischen Wettiner gefallen. Der Zar hat den Goethe-Freund bei seinen Ambitionen nur halbherzig unterstützt; Carl August wurde schließlich zum Großherzog erhoben und erhielt von Sachsen den Hauptteil des Neustädter Kreises.

Auch Preußen erreichte auf dem Wiener Kongreß bekanntlich nur einen Teil seines Ziels, weil Österreich, England und das nachnapoleonische Frankreich weder Preußen zu groß werden lassen noch durch eine Vertreibung Friedrich Augusts aus Dresden das monarchische Legitimitätsprinzip in Frage stellen wollten. Daß das Schicksal des gesamten Königreiches in Wien jedoch auf Messers Schneide stand, offenbarte die Abschiedsbotschaft des Fürsten Repnin, der am 8. November 1814 erklärte, Sachsen werde in seinen Grenzen unangetastet bleiben, aber künftig durch den preußischen König regiert. Tatsächlich übernahmen am 14. November zwei Preußen, der Staatsminister von der Beck und der General von Gaudi, die Leitung des Generalgouvernements für Sachsen, bis Friedrich August am 18. Mai 1815 der Abtretung von fast drei Fünfteln seines Königsreiches zustimmte und am 7. Juni nach Dresden zurückkehrte, wo er mit den neuen weiß-grünen Staatsfahnen begrüßt wurde, deren Farben er zwei Wochen zuvor statt des bisherigen Schwarz-Gold proklamiert hatte.

Das Verhältnis der Sachsen zu Preußen ist seit jenen Tagen gespannt. Es hatte sich in der zweiten Hälfte des 19. Jahrhunderts zwar gebessert, ist aber durch die 1923 gegen Sachsens Linksregierung verhängte Reichsexekution und die anschließende Besetzung des Landes durch die Reichswehr, durch die zentralistische Diktatur des NS-Regimes und die Bevorzugung Berlins unter SED-Chef Honecker wieder gestört worden. Deshalb erzählt man in Dresden nach wie vor gern die Anekdote, noch der letzte König von Sachsen habe bei seinen unumgänglichen Eisenbahnfahrten nach Berlin zu Kaiser Wilhelm II. die Vorhänge zuziehen lassen, wenn sein Hofzug die 1815 an Preußen abgetretenen Gebiete passierte.

Das Verhältnis zu Rußland war dagegen bis 1914 ungetrübt, und das liberale Regiment des Fürsten Repnin ist bis heute in guter Erinnerung. Tatsächlich geht auf ihn nicht nur die Treppe zur Brühlschen Terrasse, sondern auch die Reorganisation der Dresdner Kunstakademie und die Gründung der ersten Industrieschule Sachsens zurück, der eine Sonntagsschule für Handwerker angegliedert war. Der 36jährige griff dabei Anregungen seiner Untertanen auf, was auch beim »Treppen-Befehl« der Fall gewesen ist. Die Idee dazu hatte schon der Oberlandbaumeister Johann Gottlob Hauptmann 1811 in seinem Plan zur Umgestaltung der Stadt entwickelt. Repnin beauftragte damit drei Jahre später den eben von einer Studienreise nach Rom zurückgekehrten Architekten Gottlob Friedrich Thormeyer, der später auch die beiden früheren Akzisehäuser in der Nähe des Japanischen Palais errichtete.

Ohne die von Repnin angeordnete und von Thormeyer entworfene Treppe, die sich ihrer Umgebung organisch anpaßt, hätte nach Meinung des angesehenen Kunsthistorikers und Denkmalpflegers Fritz Löffler die Brühlsche Terrasse nicht ihre Bedeutung als »Balkon Europas« gewonnen: »Ihre Erschließung zählt zu den städtebaulichen Taten im frühen 19. Jahrhundert, Bauherrn und Architekten gleichermaßen ehrend. Sie hat auch wesentlich zur Entdeckung der Dresdner Landschaft beigetragen.« Was läge also näher, diese Anlage, die zu den Hauptanziehungspunkten von »Elbflorenz« zählt, nach ihrem Bauherrn »Russische Treppe« zu nennen?

Daß damit den Sowjets nicht nachträglich Tribut gezollt würde, dürfte schon der Name verraten, mit dem die 41 Stufen nach dem Vorbild der Spanischen Treppe in Rom, die es allerdings auf 168 Stufen bringt, ihre Anonymität verlören. Neben dem »Italienischen Dörfchen« könnte die »Russische Treppe« den beiden schönen Plätzen zwischen Ständehaus, Schloß, Hofkirche, Hauptwache, Semperoper und Gemäldegalerie zudem schon philologisch ein kosmopolitisches Flair verleihen, nach dem sich die alten Machthaber mit ihrem aufgesetzten Internationalismus vergebens gesehnt haben. Und ein Akt historischer Ironie wäre eine solche Namensgebung nach allem, was zwischen 1945 und 1989 geschehen ist, gerade heutzutage obendrein!

Der Witwensitz der Lutherin

*Eine verschwundene Stätte der Reformation im
Braunkohlengebiet südlich von Leipzig*

Martin Luther hat sich als Thüringer, nicht als Sachse
gefühlt. Sein Vater kam aus einer Bauernfamilie in
Möhra bei Eisenach und war in Eisleben als kleiner
Bergwerksbesitzer zu einigem Wohlstand gelangt.
Der Reformator wurde zwar nach seinem Studium in
Erfurt Professor an der kursächsischen Universität
Wittenberg und schrieb »nach der Meißner Kanzlei«,
aber er hat wohl, an einer Sprachgrenze geboren und
zunächst in Magdeburg, dann in Eisenach erzogen,
eher niederdeutsch als obersächsisch gesprochen. Das
heutige Sachsen besuchte er nur gelegentlich – zur
großen Disputation mit dem Ingolstädter Professor
Eck Leipzig, zu Predigten Dresden, Zwickau,
Grimma und einige andere Orte.

Häufig dagegen war er in dem kleinen Zölsdorf,
das es gar nicht mehr gibt. Dort hatte er wenige Jahre
vor seinem Tode 1540 seiner Frau Katharina für 610
Gulden ein kleines Gut gekauft, das ursprünglich seinem Schwager Hans von Bora gehörte. Die Boras
kamen aus einer sorbischen Häuptlingsfamilie, die
bei Nossen ansässig war und sich während der deutschen Ostkolonisation assimiliert hatte.

Zölsdorf, das früher Zülsdorf hieß, lag nahe der

Gabelung der Eisenbahnlinien Leipzig–Altenburg und Leipzig–Chemnitz zwischen den Dörfern Kieritzsch und Breunsdorf. Es war 1430 von den Hussiten zerstört worden; wiederaufgebaut wurde nur ein größerer Bauernhof und einige Gesindehäuser, die ein bescheidenes Landgut bildeten. Es wurde 1534 von Hans von Bora erworben, der es aber nicht halten konnte. Die Gebäude waren sehr baufällig, so daß erhebliche Mittel investiert werden mußten, um das Gut wieder in Ordnung zu bringen. Der Kurfürst half mit Bauholz, die Nachbarschaft mit guten Ratschlägen. Die Lutherin war auf dem Gut in ihrem Element »und brachte das verkommene Anwesen wieder zur Blüte, daß es in guten Erntejahren eine Menge abwarf«, heißt es in Eva Zellers »Spurensuche nach Katharina von Bora«, die der Ehemann brieflich oft als »reiche Frau von Zülsdorf« anredete.

Luther, der gern hierher kam, spielte kurz vor seinem Tode am 18. Februar 1546 mit dem Gedanken, Wittenberg den Rücken zu kehren und sich in dem nicht weit entfernten Zeitz niederzulassen: »Ich wollts gerne so machen,« schrieb er am 28. Juli 1545 aus Zeitz an seine Frau, »daß ich nicht müßte wieder gen Wittenberg kommen. Mein Herz ist erkaltet, daß ich nicht gern da bin; wollt auch, daß Du verkauftest Garten und Hufe, Haus und Hof ... Und wäre Dein Bestes, daß Du Dich gen Zülsdorf setzest, weil (während) ich noch lebe ... Will also umherschweifen und eher das Bettelbrot essen, ehe ich meine arm alte letzte Tage mit dem unordigen Wesen zu Wittenberg martern und beunruhigen will mit Verlust meiner sauern und teuern Arbeit.«

Der kurfürstliche Leibarzt Ratzeberger konnte den erzürnten Reformator im Auftrag seines Herrn beschwichtigen und dazu überreden, nach Wittenberg zurückzukehren. Katharina, die den Sommer und Herbst 1545 in Zölsdorf verbracht hatte, sah ihr Landgut nicht wieder. Es wurde am Vorabend des Schmalkaldischen Krieges im November 1546 von herumschweifenden Truppen geplündert, und der Lutherin fehlte das Geld, die Schäden zu beheben. Als Wittenberg 1547 nach der für die Protestanten unglücklichen Schlacht bei Mühlberg von kaiserlichen Truppen besetzt wurde, wich sie, nun bettelarm, zuerst nach Magdeburg, dann nach Braunschweig aus. 1548 kam sie zurück, mußte aber vier Jahre später vor der Pest nach Torgau fliehen, wo sie am 20. Dezember 1552 gestorben ist.

Die Vormünder ihrer Kinder, unter ihnen Philipp Melanchton, verkauften das wieder heruntergekommene Gut 1554 mit einem 50prozentigen Aufschlag an den Wittenberger Bürgermeister Christoph Niemegh. 1594 kam es an die Familie von Helldorf, der auch das benachbarte Rittergut Kieritzsch gehörte. Die Helldorfs ließen das Gutshaus in Zölsdorf lange unangetastet, bis es zwischen 1760 und 1770 zusammenfiel. Die von Kurfürst Johann Friedrich dem Großmütigen in Auftrag gegebenen Brustbilder von Luther und seiner Frau wurden aus dem Wohnraum in die Kirche von Kieritzsch überführt. Katharina mit einem weißen Kopftuch sieht darauf wie eine Bäuerin aus.

Auch von den Gesindehäusern ist nichts mehr übrig geblieben. Der Platz, auf dem sie und das Gutshaus standen, wurde eingeebnet und als Feld genutzt. 1817, zur Dreihundertjahrfeier der Reformation, ließ der benachbarte Rittergutsbesitzer den Platz der verschwundenen Lutherstätte mit einem schlichten Gedenkstein bezeichnen. Zum 400. Geburtstag des Reformators 1883 wurde der Gedenkstein durch eine Säule aus schwarzem schwedischen Granit ersetzt, für die der Bildhauer Adolf Donndorf zwei Reliefbildnisse von Martin und Katharina Luther entwarf. Auf der Säule wurde die Inschrift angebracht: »Zölsdorf, 1540 von Luther seiner Katharina als Witwensitz gekauft.«

Seit den zwanziger Jahren sind die umliegenden Dörfer in den Bannkreis des Braunkohlenbergbaus von Böhlen geraten, auf dessen Grundlage eine große Benzinproduktion entstand, die im Zweiten Weltkrieg ein Drittel des deutschen Treibstoffs lieferte. Auch nach 1945 blieb das Böhlener Revier ein Zentrum der Energiewirtschaft mit dem »unverkennbaren Geruch des Fortschritts«, der Horst Krüger 1983 bei seinen »Reisen in die Vergangenheit« schon in der Umgebung der Lutherstädte Eisleben und Wittenberg aufgefallen war. Schließlich erreichten die Braunkohlen-Bagger auch die Fluren des untergegangenen Zölsdorf. Das Luther-Denkmal wurde gerettet und zunächst auf einer Wiese bei Neukieritzsch wieder aufgestellt. Nach der Wende fand es auf dem Marktplatz der Gemeinde, nur wenige Kilometer von Katharinas Witwensitz entfernt, einen zentralen Standort – als Erinnerung an eine Stätte der Reformation, die nicht nur untergegangen, sondern auch in Vergessenheit geraten ist.

Leipzig hat viele Gesichter

Die alte Messe- und Universitätsstadt kommt wieder,
läßt aber manche links liegen

Leipzig kommt, lassen die kommunalen Werbestrategen alle wissen. Kommt es wirklich? Oder besser gesagt: Kommt es wirklich wieder? Leipzig war seit jeher ein dynamisches Gemeinwesen, das zu Messezeiten ein weltstädtisches Gesicht aufsetzen konnte, aber viele Gesichter hatte. Selbst unter dem NS-Regime und zu DDR-Zeiten war in seinen Straßen bei aller Uniformität ein Hauch davon zu spüren.

Leipzig ist seit Jahrhunderten nicht nur Handelsmetropole und Messestadt, sondern auch Gelehrtenrepublik und Musentempel. Die Konzerte in der Thomaskirche und im Gewandhaus, die Aufführungen in seinen Schauspiel- und Opernhäusern, seine Buchverlage und ihre Autoren, seine bildenden Künstler und Architekten, seine alte Universität, ihre Professoren und Studenten haben es ebenso geprägt wie die Messe, seine Kaufherren und Bankiers.

»Leipzig liegt – kulturgeographisch gesprochen - ebenso in Nord- wie in Süddeutschland, ebenso im mittleren wie im östlichen Deutschland; es hat die Einflüsse der alten demokratisch-bürgerlichen Kultur Süddeutschlands wie die der feudal-aristokratischen Ostdeutschlands erfahren; der Charakter seiner Be-

völkerung zeigt die zähere Energie und den prakti-
scheren Sinn des Norddeutschen in Verbindung mit
der größeren Weichheit und den verbindlicheren Ver-
kehrsformen des Süddeutschen; seine Sprache ist ein
merkwürdiger Kompromiß zwischen Nord- und Süddeutsch ...«.

Karl Dietrich, der 1907 in seinen »Sozialpsycholo-
gischen Eindrücken aus deutschen Großstädten« so
über Leipzig urteilte, sagte seinen Bewohnern eine
»heitere, wenn auch gedämpfte Daseinsfreude« und
»ein das ganze Leben bestimmendes Gleichmaß«
nach, das »auf einer hohen und alten, individuellen
und sozialen, geistigen und materiellen Kultur, einer
im wahren Sinne bürgerlichen Kultur« beruht.

Sind diese Eindrücke trotz aller Umbrüche von
Pleißathen und Klein-Paris bis zur Heldenstadt von
1989 und zur Boomtown der neunziger Jahre noch
gültig? 1945 wurde aus dem deutschen Osten der
polnische Westen und die Stadt von Süddeutschland
abgeschnitten, die Daseinsfreude war schon vor dem
Kriege weniger heiter geworden, und die bürgerliche
Kultur durfte danach nur noch in Nischen existieren.
Kehrt sie nun ins Rampenlicht zurück?

Es ist nicht jene alte Kultur, die zurückkehrt, dafür
fehlen die soziologischen Voraussetzungen, aber die
Daseinsfreude, die viele Besucher wahrnehmen, wirkt
trotz aller Schwierigkeiten weniger gedämpft als in
der Vorkriegszeit und beschränkt sich auch nicht auf
die Jeunesse dorée aus dem Westen, ist aber wohl in
der Jugend verbreiteter als in der mittleren Generation. Kurzum, Leipzig kommt tatsächlich (wieder),
läßt aber auch manche links liegen.

Der lange Abschied von der alten Messe

*Europas modernstes Ausstellungsgelände liegt
am Stadtrand von Leipzig*

Auf der Buchmesse von 1997 schwelgten Verleger
und Autoren, Buchhändler und Leser noch einmal in
Erinnerungen. Waren sie nicht immer gern nach Leipzig gekommen – gerade auch zu DDR-Zeiten, weil
hier für einige Tage so etwas wie ein Fenster zur Welt
offenstand: Für die aus dem Osten das Fenster zum
Westen und für die aus dem Westen das nach Osten?
Und spielte für die aus dem Westen dabei nicht auch
eine Rolle, daß sich in Leipzig alles auf engstem Raum
abspielte? Hatte man dafür nicht eine miserable Infrastruktur in Kauf genommen?

Es war ein langer, ein sentimentaler Abschied vom
alten Messehaus am Markt – einem tristen Nach-
kriegsbau mit kleinen Kojen, überfüllten Aufzügen,
nur zögernd renovierten Toiletten und einer unzurei-
chenden Gastronomie. Nun ist weit draußen das neue
Messegelände, das modernste Ausstellungszentrum
Europas, fertig, und auch die Bücherwürmer konnten
nicht in der von ihnen so geliebten Innenstadt bleiben.

Auf ihre Klage, mit zwei Messen – der in Frankfurt
am Main und der in Leipzig – seien sie finanziell
ohnehin überfordert und an die Pleiße kämen sie nur,
weil sie die alte deutsche Buchstadt nicht im Stich

lassen wollten und es hier intimer als am Main zugehe
(Bernd-Lutz Lange: »Die gemütlichste Buchmesse der
Welt«), erwiderten ihre Partner: Und wir können uns
nicht leisten, ein neues Messegelände für mehr als 1,3
Milliarden DM zu bauen, uns dafür hoch zu verschul-
den und obendrein ein Messehaus in der Innenstadt
zu unterhalten. Außerdem sei die neue Messe nicht
nur schöner, sondern auch viel praktischer, kurzum,
wesentlich attraktiver als die alten Messehäuser der
City und die alte Technische Messe in der Nähe des
Völkerschlachtdenkmals.

Das kann in der Tat niemand bestreiten, der den
sächsischen Kristallpalast und die fünf großen, ja
überdimensionalen Hallen mit einhunderttausend
Quadratmeter Präsentationsfläche gesehen hat. Das
neue Gelände im Norden der Stadt soll das Herz
Leipzigs, das seit Jahrhunderten nun einmal seine
Messe ist, wieder kräftig schlagen lassen. Vor dem
Zweiten Weltkrieg war die Leipziger Messe die be-
rühmteste und die erfolgreichste der Welt. Zuerst
hatte sie die Messeplätze der Region ausgestochen
und Ende des 16./Anfang des 17. Jahrhunderts auch
die Frankfurter Reichsmessen in den Schatten gestellt, weil es dort weniger liberal zuging und 1710 die
Eröffnung auf den ersten Sonntag nach Ostern verlegt
worden war, was zu einer Überschneidung mit der
Messe an der Pleiße führte. Im 19. Jahrhundert und
bis in die dreißiger Jahre hinein war Leipzig dann
unbestritten der erste Messeplatz auf dem Globus.

Der Niedergang begann schon in der NS-Zeit, obwohl sich die Machthaber bis 1938 gegenüber den
jüdischen Verlegern und Rauchwarenhändlern eini-

germaßen zurückhaltend gaben, um die deutschen Deviseneinnahmen nicht zu gefährden und ausländische Kunden nicht vom Besuch der Messe abzuhalten. Immerhin lag zum Beispiel der Anteil der Leipziger Rauchwarenwirtschaft, deren Handel am Brühl konzentriert war und von jüdischen Kaufleuten dominiert wurde, während sich die Veredlungsbetriebe in den Vororten befanden, zeitweise bei vierzig Prozent am gesamten Steueraufkommen der Stadt. Ein Drittel der »Welternte« an Rauchwaren wurde einst am Leipziger Brühl umgeschlagen – vor allem russische und skandinavische, aber auch amerikanische und kanadische, argentinische, australische und persische Felle!

Damit war es nach 1938 und erst recht im Krieg vorbei. Danach erlebte Leipzig als Brücke zwischen Ost und West zwar eine Scheinblüte, aber die deutsche Teilung ließ die Frankfurter Messe wieder aufleben und eine neue in Hannover entstehen. Diese Messen konnten auf vielen Gebieten eine internationale Bedeutung gewinnen, die der früheren Weltgeltung von Leipzig nicht viel nachstand (und nachsteht). Daneben mischen andere Städte wie Düsseldorf und Köln, Berlin und München, Nürnberg und Stuttgart seit langem im lukrativen Messegeschäft mit, so daß die Wiedervereinigung, die nicht zuletzt von den Leipzigern herbeidemonstriert worden war, die ehemalige »Reichsmessestadt« zu ruinieren drohte. Dazu kam, daß die veraltete Infrastruktur von den westlichen Besuchern nicht mehr akzeptiert wurde, nachdem Leipzigs Funktion als fast einzige westöstliche Drehscheibe außer Kraft gesetzt worden war.

In dieser Situation erinnerte man sich an die erste Vereinigung. Seinerzeit hatten die Berliner versucht, die Messe an sich zu ziehen und nach 1890 bereits ein großes Ausstellungsgebäude gebaut. In Sachsen reagierte man nicht allein mit einem weltweiten Propagandafeldzug gegen die Preußen, in dem mit sehr harten Bandagen gekämpft wurde, nicht allein mit einer Modernisierungskampagne, mit Preisnachlässen und allerlei Vergünstigungen, sondern auch mit einer neuen Idee: Statt der herkömmlichen Warenmesse, die seit Beginn der Industrialisierung immer größer werdende Transportprobleme aufwarf, wurde in Leipzig die Mustermesse erfunden, auf der nur noch Produktproben ausgestellt und angeboten wurden. Die Buchverleger hatten das bereits seit 1810 praktiziert. Die Idee kam hervorragend an, wurde von vielen Städten kopiert und dennoch fast nirgendwo erreicht. MM, die Leipziger Mustermesse, blieb jedenfalls bis in die dreißiger Jahre hinein unangefochten.

An einer solch zündenden Idee fehlt es jetzt freilich, doch setzen die Messeplaner auf die geopolitische Veränderung in Europa: Wie ehedem, als die Stadt davon profitierte, daß sich in ihr die Via Imperii (Reichsstraße) und die Via Regia (Königsstraße) kreuzten, liegt Leipzig nach dem Ende des kalten Krieges wieder im Schnittpunkt des Kontinents. Nicht nur die Wege von West nach Ost, sondern auch die von Nord nach Süd treffen hier aufeinander. Daß Leipzig wie einst in der Mitte Europas liegt, ist auch im Zeitalter moderner Kommunikations- und Verkehrstechnik von Vorteil. Und nicht nur das Messegelände ist das modernste Europas, auch die Stadt selbst und ihre Infrastruktur werden eines Tages moderner sein als alles, was die Konkurrenz im Westen zu bieten hat.

Bis es soweit ist, setzt man in Leipzig auf jenes »Prinzip Hoffnung« des Philosophen Ernst Bloch, der Professor an der hiesigen Universität war, bevor ihm seine früheren sozialistischen Gesinnungsgenossen das Leben so sehr vergällten, daß er in den kapitalistischen Westen ging. Vielleicht kann man auch den Verlegern und Buchhändlern mit diesem Prinzip das neue Messegelände auf die Dauer schmackhaft machen, schließlich war Bloch ein erfolgreicher Autor.

Vier Studenten und ein Perückenmacher

Nach Goethe wurde auch Büchner
von Leipzig inspiriert

Nur wenige Schritte von »Auerbachs Keller«, in dem die Studentenszene von Goethes »Faust« spielt, die das seit 1525 bestehende Lokal weltberühmt machte, liegt der Leipziger Marktplatz. Er ist durch Georg Büchners Drama »Woyzeck« ebenfalls in die Literaturgeschichte eingegangen. Denn dort wurde am 27. August 1824 ein arbeitsloser Perückenmacher enthauptet, weil er drei Jahre zuvor seine ältere Geliebte, die Baderwitwe Johanna Woost, aus Eifersucht erstochen hatte.

Der hessische Arztsohn Büchner (1813 bis 1837), der selbst Mediziner war, lernte den Fall in der »Zeitschrift für Staatsarzneikunde« kennen, an der sein Vater mitarbeitete. In ihr hatte sich der königlich sächsische Hofrat Clarus auf der Basis seiner beiden gerichtsmedizinischen Gutachten 1821 und 1823 mit dem Mörder Johann Christian Woyzeck beschäftigt. Aus diesen Beiträgen gingen die Zweifel der Ärzte über die Zurechnungsfähigkeit des 41jährigen hervor, der nach seiner Lehre als Friseur Soldat und Diener geworden war und zur Tatzeit als Gelegenheitsarbeiter so wenig Geld verdiente, daß er sich nicht einmal mehr eine Schlafstelle leisten konnte.

Hatte er die 46jährige Johanna Woost an diesem Juniabend des Jahres 1821 im Hausgang ihrer Wohnung in der Sandgasse wirklich aus Eifersucht umgebracht? Und mußte der verwirrte, vom Leben hart gebeutelte Mann dafür mit dem Tode bestraft werden?

Büchners Fragment gebliebenes Drama ist in vier schwer zu entziffernden Handschriften überliefert und wurde erst 1879 in einer umstrittenen Fassung veröffentlicht, die seitdem mehrere Literaturexperten in Frage gestellt und in immer neuen Fassungen herausgegeben haben.

Dennoch gehört das 1913 im Münchner Residenztheater zum 100. Geburtstag des Autors uraufgeführte Drama zu den meistgespielten Stücken der Weltliteratur und hat sie wie kaum ein anderes deutsches Werk des 19. Jahrhunderts beeinflußt. So haben sich Gerhart Hauptmann, Frank Wedekind, Bert Brecht und Max Frisch stets auf Büchners »Woyzeck« berufen, der als erste soziale Tragödie der deutschen Dichtung gilt. (Auf das geniale Fragment geht auch Alban Bergs Oper »Wozzeck« von 1923 zurück, deren falsche Schreibweise der erste Herausgeber zu verantworten hat.)

Nur wenige Besucher des Stadtgeschichtlichen Museums im Alten Rathaus werden an diese Wirkung denken, wenn sie das Schwert sehen, mit dem der Scharfrichter Körzinger vor mehr als einhundertsiebzig Jahren Woyzeck hingerichtet hat. Es ist zudem ja auch viel angenehmer, in »Auerbachs Keller« »Leipziger Allerlei« mit Krebsschwänzen zu verzehren und über die Zeche der vier lustigen Studenten im »Faust«

zu reden, als sich »die erbärmliche Wirklichkeit« und den »Geringsten unter den Menschen« vor Augen zu halten, der in Büchners Stück zum ersten Male die Bühne betritt.

Vielleicht denkt der Besucher aber, bevor er Goethe und seinem »Faust« huldigt, zunächst an die Neuberin, wenn er auf dem Weg vom Alten Rathaus zu »Auerbachs Keller« die Grimmaische Straße überquert. Denn nur wenige Gehminuten von hier entfernt, vor dem Grimmaischen Tor, lag der längst aufgelassene Großbosische Garten, wo die Schauspielerin 1737 den Hanswurst von der Bühne verbannte und damit das deutsche Theater reformierte. Büchner, der nie in Leipzig war, hat es mit seinem Stück dann revolutioniert.

Ein Opfer der Revolution von 1848

Der Leipziger Liberale Robert Blum wurde in Wien
vom Militär erschossen

Der 9. November ist in Deutschland ein besonders geschichtsträchtiges Datum. An diesem Tag brach nicht nur 1918 die Revolution aus, putschte Hitler 1923 in München, wurden 1938 im ganzen Reich die Synagogen in Brand gesteckt und jüdische Geschäfte geplündert, öffnete sich 1989 in Berlin die Mauer und wurde 1848 in Wien der liberale Politiker Robert Blum erschossen.

Gemeinsam mit dem aus Thüringen stammenden Mineralogen, Verleger und Publizisten Julius Fröbel, einem Neffen des berühmten Pädagogen Friedrich Fröbel, war Blum im Oktober 1848 nach Wien gefahren. Sie überbrachten den Aufständischen dort eine Sympathieadresse der in Frankfurt am Main tagenden Deutschen Nationalversammlung. Zur Wiener Erhebung war es gekommen, als Anfang Oktober österreichische Truppen aus der Kaiserstadt abgezogen werden sollten, um den ungarischen Aufstand unter Ludwig Kossuth zu unterdrücken. Daraufhin brachten radikale Handwerker, Arbeiter und Studenten Wien unter ihre Kontrolle. Gegen sie wurden Einheiten unter dem Befehl des Fürsten Alfred Windischgrätz eingesetzt, die Ende Oktober die Erhebung niederwarfen und die Stadt besetzten. Am 4. November wurden Blum und Fröbel im Hotel »Stadt London« früh gegen sechs Uhr aus den Betten geholt und verhaftet.

Beide machten sich zunächst keine großen Sorgen, weil sie als Mitglieder der Nationalversammlung auf ein auch in Österreich gültiges Reichsgesetz vom September desselben Jahres vertrauten, das ihre Immunität verbürgte. Aber der neue österreichische Ministerpräsident Fürst Felix Schwarzenberg, der einen Monat später auch für die Abdankung von Kaiser Ferdinand und die Nachfolge des Erzherzogs Franz Joseph auf dem Kaiserthron sorgte, wollte ein Exempel statuieren, um die staatliche Autorität wiederherzustellen. Deshalb ließ er den Feldmarschall Windischgrätz wissen: »Blum bleibt Dir zur freiesten Disposition und verdient alles.«

In einem Standgerichtsverfahren, in dem Blum u. a. die aktive Teilnahme an den Barrikadenkämpfen vorgeworfen wurde, verkündeten die Militärrichter nach zwei Stunden das Todesurteil. Es wurde am 9. November 1848, einen Tag vor Blums 41. Geburtstag, auf der Brigittenau durch ein Erschießungskommando vollstreckt (der ebenfalls zum Tode verurteilte Fröbel ist aus bis heute unbekannten Gründen begnadigt worden).

Die Meldung von der Hinrichtung Blums wurde in ganz Deutschland mit heller Empörung aufgenommen, die, wenn die Rede auf den 9. November 1848 kam, noch jahrelang anhielt. Aber weder die leidenschaftlichen Proteste des Volkes noch eine antiösterreichische Resolution der Nationalversammlung, die zwei Reichskommissare zur Aufklärung des Falles nach Wien schickte, erreichten irgend etwas — im Gegenteil, Schwarzenbergs Spekulation, das Frankfurter Parlament zu brüskieren und seine Machtlosigkeit zu demonstrieren, ging voll auf.

Der 1807 in Köln geborene Blum kam aus proletarischen Verhältnissen: Sein Vater war Faßbinder, seine Mutter Dienstmädchen. Zwar wurde er aufgrund seiner glänzenden Begabung in ein Jesuitengymnasium aufgenommen, aber nach dem Tode des Vaters mußte er es mangels Geld wieder verlassen und sich mit dreizehn Jahren eine Lehrstelle suchen. Bei einem Goldschmied und einem Gürtler hatte er kein Glück; dann nahm sich ein Gelbgießer seiner an. 1826 erhielt er den Gesellenbrief; 1827 heuerte er bei einem Lieferanten für Straßenlaternen als Angestellter an; Ende 1828 ging er mit seinem Prinzipal nach Berlin. Im Sommer 1830 kam er nach Köln zurück und wurde Theaterdiener; zwei Jahre später siedelte er nach Leipzig über, wo er sich als Sekretär, Bibliothekar und Kassierer des dortigen Stadttheaters durchschlug.

Im Zentrum des deutschen Buchhandels wurde aus dem Theaterbeamten, der schon früh seine literarischen Talente erprobt und sie, vor allem 1830/31, in den Dienst der Freundschaft zu Polen gestellt hatte, der Herausgeber des »Allgemeinen Theaterlexikons«, dessen sieben Bände von 1839 bis 1842 erschienen — und schließlich der Führer der liberalen Bewegung in Sachsen, deren Organisation auf ihn zurückgeht.

Zunächst freilich trat er an die Spitze des Deutschkatholizismus hervor, der seit seiner Gründung 1844 in Schlesien rasch auch in Sachsen Anhänger gewonnen und selbst in evangelischen Kreisen Anklang gefunden hatte. Diese nationalkirchliche Richtung wandte sich gegen die römische Hierarchie, besonders gegen den Primat des Papstes, und die äußeren Formen katholischer Frömmigkeit wie zum Beispiel die Heiligen- und Bilderverehrung sowie das Fasten. Als Glaubensgrundlage wurde nur die Heilige Schrift anerkannt, was die Anziehungskraft auf den Protestantismus erklärt, mit dessen sogenannten Freien Gemeinden der Deutschkatholizismus nach seinem Verfall Anfang der fünfziger Jahre des vorigen Jahrhunderts denn auch verschmolz.

Von Anfang an hatte er eine politische Färbung, was 1845 bei der Reaktion auf die Versammlungsverbote für religiöse Bewegungen zum Ausdruck kam. Blum trat damals nicht nur als Führer der Deutschkatholiken, sondern auch der radikalen Liberalen in Erscheinung. Als es bei einem Besuch des Prinzen (und späteren Königs) Johann in Leipzig zu Tumulten und in ihrem Gefolge zu Blutvergießen kam, gelang es ihm, die beunruhigte Bürgerschaft von Gewalttätigkeiten gegenüber Regierungsvertretern abzuhalten, nicht zuletzt durch seine mitreißende Rhetorik.

Im Februar 1848 sprang der revolutionäre Funke von Frankreich auf Deutschland über. Blum brachte die Leipziger Stadtverordnetenversammlung gegen die Dresdner Regierung in Stellung und machte sie zum Zentrum der liberalen Kräfte in Sachsen. Am 13. März sah sich König Friedrich August II. unter dem Druck seiner rebellischen Untertanen gezwungen, sein Kabinett zu entlassen und eine neue Regierung zu berufen, in der liberale Politiker bürgerlicher Herkunft dominierten. Vorsitzender des Gesamtministeriums und Justizminister wurde der Plauener Jurist Alexander K. Hermann Braun, Finanzminister der Mylauer Bankier und Fabrikant Robert Georgi und Innenminister der populäre Zwickauer Stadtrat Martin Oberländer.

Robert Blum ließ sich sechs Tage später durch eine große Volksversammlung auf dem Zwickauer Kornmarkt als Abgeordneter der alten Bergstadt in das Frankfurter Vorparlament delegieren, bei dessen sogenannten Fünfzigerausschuß bis zum Zusammentritt der Nationalversammlung am 18. Mai nun vorübergehend die politische Autorität in Deutschland lag. Das Vorparlament selbst, sehr ungleichmäßig berufen und zusammengesetzt, bestand aus mehr als fünfhundert Delegierten. Sein Präsident wurde der badische Professor Mittermaier; Blum war einer von vier Vizepräsidenten und ist dann mit der dritthöchsten Stimmzahl auch in den Fünfzigerausschuß gewählt worden.

Hier wie in der Nationalversammlung gehörte er zu den Hauptvertretern der Linken, deren Meinungsbildung er zunächst stark bestimmte. Allmählich verlor der Verfechter einer deutschen Republik jedoch an Einfluß, den er durch einen Sieg der Aufständischen in Wien wiederzuerlangen hoffte. Wohl deshalb wollte er unbedingt zu der insgesamt vierköpfigen Delegation gehören, die beauftragt war, die Frankfurter Sympathieadresse zu überbringen.

Der erste Taschenbuchverleger

August Schumann, der Vater des Komponisten,
und sein Zwickauer Verlag

In der Regel müssen sich die Söhne bedeutender Väter damit abfinden, in deren Schatten zu leben. August von Goethe ist dafür das prominenteste Beispiel. Bei Robert Schumann war es gerade umgekehrt; sein Leben und Werk hat den Nachruhm seines Vaters verdunkelt, der am 2. März 1773 in Endschütz bei Gera geboren wurde und am 10. August 1826 in Zwickau gestorben ist.

Seine Zeitgenossen hielten »diesen genialen, als Schriftsteller und Buchhändler gleich ausgezeichneten Mann«, wie Emil Herzog 1845 in seiner Zwikkauer Chronik schrieb, für einen großen Verleger – und seine Kollegen schätzen ihn auch heute noch so ein. Denn August Schumann hat 1815 mit seiner »Etui-Bibliothek der Deutschen Classiker«, in der bis 1827 100 Bändchen zu je rund 150 Seiten im hübschen Kleinstformat erschienen, als erster das Lesebedürfnis des biedermeierlichen Publikums nach billiger, aber nicht allzu trivialer Lektüre befriedigt.

Er war damit seiner Zeit weit voraus. Joseph Meyer, der Begründer des Bibliographischen Instituts, hat seine ähnlich angelegte »Miniaturbibliothek« erst ein Jahrzehnt später begonnen, und »Re-

126

clams Universal-Bibliothek« wurde sogar erst ein halbes Jahrhundert nach dem Start von Schumanns Reihenwerk ins Leben gerufen.

Bei Reclam waren von Anfang an auch ausländische Texte zu finden, die in Zwickau freilich ebenfalls nicht fehlten, nur daß sie hier in der »Taschenbibliothek der ausländischen Klassiker in neuen Verdeutschungen« gebracht wurden, die es seit Anfang der zwanziger Jahre gab (der Verleger übersetzte dafür selbst Byron und Scott). Mit diesen Reihenwerken ist der Vater des Komponisten quasi als erster deutscher Taschenbuchverleger in die Verlagsgeschichte eingegangen, während er in seiner Heimat nur als Herausgeber des »Vollständigen Staats-, Post- und Zeitungslexikons von Sachsen« (1813/25) in Erinnerung blieb.

In August Schumanns Verlagsprogramm waren die regionalen Werke aber eher Randerscheinungen. Er ist auch nicht nur ein erfolgreicher Taschenbuchverleger gewesen, bei ihm erschienen darüber hinaus Einzelausgaben von Gottfried August Bürger, Friedrich Gottlieb Klopstock, Johann Karl August Musäus und anderen, seine »Erinnerungsblätter«, biographische Schriften, Lexika und vielfach nachgeahmte Handels- und Gewerbeadreßbücher.

Damit wurde Robert Schumanns Vater ein wohlhabender Mann, dessen Grab auf dem Friedhof in der Zwickauer Frauenvorstadt (der hinter dem heutigen Ringcafé lag) ein neugotischer Baldachin aus Gußeisen zierte. Seinen Söhnen Eduard (1799 bis 1839) und Julius (1805 bis 1833) hinterließ er mit seinem Verlag, seiner Buchhandlung und seiner Druckerei blühende Unternehmen, seinem Sohn Karl (1801 bis 1849) das Kapital für eine eigene Buchhandlung mit Verlag in Schneeberg und seinem Sohn Robert (1810 bis 1856) genügend Mittel für seine musikalische Laufbahn. Dabei hatte der arme Pfarrerssohn aus Thüringen ursprünglich eher ein literarisches als ein kommerzielles Leben geplant.

Zwar war er von seinen Eltern zum Kaufmann bestimmt worden, aber nach einer freudlosen Lehre in Ronneburg bei Gera kehrte er mit neunzehn Jahren nach Hause zurück, um zu lesen und zu schreiben. Auch als Kontorist in mehreren Handelshäusern setzte August Schumann seine schriftstellerische Arbeit fort. 1792 ging er an die Universität Leipzig; seinen Lebensunterhalt versuchte er mit Gedichten, Dramen, historischen Skizzen und philosophischen Aufsätzen zu bestreiten.

Da ihm das nicht dauerhaft gelang, schrieb er im elterlichen Pfarrhaus einen Roman. Das Manuskript sollte der Dichter Heinse begutachten und möglichst auch verlegen. Statt dessen bot dieser dem Autor an, in seine neue Buchhandlung in Zeitz einzutreten. Schumann nahm das Angebot an – und verliebte sich hier in die Tochter Johanna des Zeitzer Chirurgen Schnabel, eine Großnichte von Lessing.

Seit 1795 war August Schumann Teilhaber einer Drogerie, die er ein Jahr später ganz übernehmen konnte. Daneben gründete er mit den inzwischen 4000 Bänden seiner Privatbibliothek eine Leihbücherei, die seine Frau leitete. Außerdem schrieb er unermüdlich weiter. Seine Bücher verlegte er seit 1799 in einem eigenen Verlag.

August Schumanns Bruder Friedrich (1776 bis 1851) hatte bereits 1802 in Zwickau eine Buchhandlung gegründet. Sie wurde 1807 mit dem Verlag zur Firma Gebrüder Schumann vereinigt, die erst im heutigen Schumann-Haus am Hauptmarkt, dann, seit 1817, in der jetzt verschwundenen Burgstraße ansässig war (dieses Jugendhaus Robert Schumanns ist im März 1945 zerstört worden). Das Unternehmen, das nach dem Tode seines Gründers immer stärker unter der Konkurrenz anderer Verlage zu leiden hatte und deshalb 1837 seine Reihenwerke an den Zwickauer Buchhändler J. G. Lindemann abtreten mußte, bestand bis kurz nach dem Tode von Roberts Bruder Eduard.

Da der dort ebenfalls tätige Bruder Julius schon zuvor gestorben war, Karl Schumann in Schneeberg bleiben wollte und Robert Schumann den Gedanken, Verleger zu werden, rasch wieder verwarf, wurde die Firma 1840 von Heinrich Erhard für J. B. Metzler in Stuttgart erworben. (Der Verlagsgründer Augustus Metzler, ein Pfarrerssohn aus Cranzahl bei Annaberg, war im 17. Jahrhundert in Zwickau zum Buchbinder ausgebildet worden.) Friedrich Schumann hatte sich zu diesem Zeitpunkt bereits nach Greiz zurückgezogen. So verblaßte die Erinnerung an eine gute Adresse im deutschen Verlagsbuchhandel relativ rasch – und mit ihr auch die Erinnerung an einen großen Verleger.

Ein Pionier des Motorenbaus

August Horch, der Vater
der sächsischen Automobilindustrie

Die Wiege der Zwickauer Automobilindustrie stand in Köln. Dort gründete August Horch am 14. November 1899 mit dem Tuchhändler Salli Herz als Geldgeber eine Firma, die sich zwar zunächst nur mit der Reparatur von Motorfahrzeugen befaßte, von Anfang an aber als Keimzelle einer Automobilfabrik gedacht war. Den Anstoß dazu hatte Horchs Tätigkeit in dem Mannheimer Motorenwerk von Karl Benz gegeben, in das er 1896 eingetreten war.

August Horch wurde als Sohn eines Schmiedemeisters und Winzers am 12. Oktober 1868 in Winningen an der Mosel geboren, hatte das väterliche Handwerk erlernt und ging 1884 auf die seinerzeit übliche Gesellenwanderung, auf der er beinahe vier Jahre lang das südliche Deutschland, Österreich-Ungarn, Serbien und Bulgarien durchstreifte. Beim Bau der serbisch-bulgarischen Eisenbahn mußte er sich zum ersten Mal mit Konstruktionszeichnungen befassen, nach denen Häuser aus Stahlteilen gebaut werden sollten. Dieses Erlebnis und die Nachricht eines Freundes, daß er das Studium am Technikum Mittweida aufgenommen habe, weckten auch in Horch den Wunsch, Ingenieur zu werden.

1888 begann er selbst in Mittweida bei Chemnitz mit der Ausbildung zum Maschinenbauingenieur. Im Alter erinnerte er sich: »Es fehlten mir ... alle theoretischen Voraussetzungen. Praktisch arbeiten hatte ich gelernt wie kaum ein anderer ... aber ich hatte nur die Volksschule besucht, und von Algebra und Geometrie zum Beispiel wußte ich nichts.« Doch »nach den ersten bitterschweren und harten Semestern« konnte Horch mithalten und nach drei Jahren bestand er die Prüfungen mit gut.

Seine erste Anstellung fand er 1890 in einer Rostocker Maschinenfabrik, wo er an der Konstruktion von Düngerstreumaschinen, Kränen und Dampfmaschinen mitwirkte. Am selben Ort wechselte er dann zu einer Werft, auf der er mit dem Bau von Schiffsmaschinen in Berührung kam. Nach dem Konkurs der Werft landete er schließlich in einer Leipziger Maschinenfabrik, die gerade dabei war, einen Petroleummotor für den Antrieb von Torpedobooten zu entwickeln, was jedoch nicht gelang.

Der 28jährige Ingenieur brachte also allerlei Erfahrungen nach Mannheim mit, die Benz für seine Fabrik nützlich erschienen – bloß an den konstruktiven Vorschlägen von Horch war dem Erfinder des Automobils nicht viel gelegen. So reifte in diesem der Entschluß, sich selbständig zu machen, um die eigenen Ideen zu realisieren. Horch ging nicht allein nach Köln, sondern wurde von dem Ingenieur Hermann Lange begleitet, der ihm schon von Leipzig nach Mannheim gefolgt war. Ist Horch der kreative Geist des Unternehmens gewesen, so war Lange seine konstruktive Seite. Horch und Lange haben bis in die zwanziger Jahre zusammengearbeitet; ihr Verhältnis läßt sich mit den Beziehungen zwischen Gottlieb Daimler und Wilhelm Maybach vergleichen, die sich ebenfalls gegenseitig ideal ergänzt haben.

Zwei Jahre nach Gründung der Firma A. Horch & Cie. in Köln-Ehrenfeld konnte der erste eigene Wagen vorgestellt werden. Der vibrationsfreie Zweizylinder-Motor lag vorn, was es bis dahin bei keinem anderen deutschen Auto gab; die Karosserie war vom Fahrgestell getrennt; das Getriebe mit Pfeilrädern und konischer Lederkupplung verfügte, auch das erstmals in Deutschland, über einen Kardanwellenantrieb statt des üblichen Riemen- oder Kettenantriebs – kurzum, dem jungen Betrieb war eine technische Sensation gelungen. Doch nach dem Bau der ersten zehn Horch-Wagen geriet er in finanzielle Schwierigkeiten, die erst von dem Kaufmann Moritz Bauer aus Plauen im Vogtland behoben werden konnten.

Dorthin sollte ursprünglich auch die Firma verlegt werden. Als keine geeigneten Räumlichkeiten zu finden waren, wurde im März 1902 kurzerhand eine leere Spinnerei im nahen Reichenbach gepachtet – etwa zwei Jahre, nachdem in Coswig bei Dresden Emil Hermann Nacke in Sachsen das erste Auto, den Lkw »Coswiga«, gebaut hatte. Horchs Bedeutung für die sächsische Industrie übertraf freilich rasch die Nackes, zumal er auf der Frankfurter Automobilausstellung im März 1904 mit seinem ersten Vierzylinder großes Aufsehen erregte.

Die steigende Nachfrage nach seinen Wagen veranlaßte Horch, sich abermals nach neuen Kapitalgebern und größeren Werksanlagen umzusehen. So kam es im Frühjahr 1904 zur Gründung der A. Horch & Cie. Motorwagenwerke AG in Leipzig, die sich aber schließlich in Zwickau ansiedelte, wo auch wichtige Aktionäre wie die Fabrikanten Emil Freytag und Paul Fikentscher und der Kaufmann C. F. Voigt wohnten. Die neuen Vierzylinder, mit 20- und 40-PS-Motoren ausgestattet, wurden bald Verkaufsschlager, was nicht zuletzt auf ihre Rennsporterfolge zurückzuführen war. Horch hatte daran auch als Fahrer seinen Anteil, zerstritt sich aber, als diese Erfolge einmal ausblieben, mit seinem Aufsichtsrat und mußte deshalb am 19. Juni 1909 aus der eigenen Firma ausscheiden.

Wenige Wochen später gründete er unter seinem latinisierten Namen Audi mit Paul Fikentscher (in dessen Haus der Lateinlehrer und nicht, wie selbst Horch berichtet hat, der Sohn auf die Namensidee kam) und anderen Unternehmern sowie seinem Freund Lange in unmittelbarer Nähe der Horch-Werke eine neue Automobilfabrik, die sich rasch einen guten Namen erwarb, ohne die Größe der alten Firma zu erreichen. 1920 wechselte Horch, im Laufe der Jahre immer mehr vom Konstrukteur zum Manager und Rennsportler geworden, vom Vorstand in den Aufsichtsrat der Audi-Werke, dem auch die Papierfabrikanten Carl und Paul Leonhardt aus Crossen bei Zwickau angehörten, die 1925 75 Prozent der Aktien besaßen. Von dort aus sorgte er dafür, daß sein Unternehmen als erstes in Deutschland die Linkssteuerung einführte.

Als Aufsichtsrat wohnte Horch, der nicht reich geworden war, bis 1944 in Berlin. (Das Kriegsende verbrachte er in der Nähe von Zwickau.) Er widmete sich Wirtschaftsverbänden und erstattete Gutachten. Nach der Fusion von Audi, DKW, Horch und Wanderer zur Auto Union AG 1932 wurde er (im Mai 1933) auch in den Aufsichtsrat des Automobilkonzerns berufen, dessen stellvertretenden Vorsitz er 1943 übernahm. Sein Verhältnis zum NS-Regime ist nicht ganz geklärt. Manche halten die positiven Äußerungen über Hitler in seinen Memoiren von 1937 für Pflichtübungen im Geist der Zeit; andere leiten daraus eine besondere Nähe zur Obrigkeit ab.

Nach dem Zweiten Weltkrieg erlebte August Horch noch die Gründung der Auto Union im Westen; ihrem Aufsichtsrat hat er bis zu seinem Tode angehört. Der Zwickauer Ehrenbürger starb, inzwischen 82 Jahre alt, als armer Mann am 3. Februar 1951 im oberfränkischen Münchberg, wohin er nach dem Einmarsch der Roten Armee aus Sachsen geflohen war.

Ein Auto, das Geschichte gemacht hat

*Von den Nobelmarken Horch und Audi
zum DDR-Kleinwagen Trabant*

Die Deutschen leben in einer paradoxen Welt. Während die kleine DDR von einer Hauptstadt aus regiert wurde, die einst für eine europäische Großmacht erbaut worden ist, begnügte sich die alte, viel größere Bundesrepublik mit der früheren Residenz eines rheinischen Kurfürsten. Erst auf der Straße kam die Welt wieder in Ordnung: Für den Osten war der Zwickauer Trabant, für den Westen der Stuttgarter Mercedes zum Symbol geworden.

Natürlich fuhren (und fahren) prozentual lange nicht so viele Bürger der alten Bundesrepublik Mercedes wie einst DDR-Bürger Trabant. Aber für die unterschiedliche Entwicklung nach 1945 sind diese Autos doch typisch. Denn als die Zwickauer Automobilwerke des VEB Sachsenring noch zur Auto Union AG gehörten, wurden im Horch-Werk Wagen produziert, die es mit der Nobelmarke der Daimler-Benz AG in Stuttgart durchaus aufnehmen konnten.

Außerdem kamen aus Zwickau vor dem Krieg ja nicht nur Luxuswagen wie Horch (und Audi), sondern auch die DKW-Kleinwagen, gewissermaßen die Vorläufer des Trabant. Der DKW erfuhr damals ständige Anpassungen an den technischen Fortschritt, um seine Konkurrenzfähigkeit zu erhalten – im Gegensatz zum Trabi, der damit die haus- und systemgemachten Probleme der DDR offenbarte.

Kurz vor dem Ende seiner Karriere hat der vielgelästerte und dennoch beliebte, jetzt nostalgisch verklärte »Plastikbomber« Geschichte gemacht wie kein anderes Auto vor ihm: Ohne die Massenflucht mit dem Trabi hätte es wohl keine Oktoberrevolution in der DDR gegeben. Durch sie wurde der Kleinwagen aus Zwickau 1989 zum »Auto des Jahres«, aber auch überflüssig, weil er selbst mit einem Viertaktmotor der westlichen Konkurrenz nicht gewachsen und im Ostblock nicht mehr bezahlbar war.

Die Karriere des Trabant ist zwar zu Ende, für die Automobilstadt Zwickau dagegen hat draußen vor ihren Toren, im Dorf Mosel, der Weg in die Zukunft gerade erst begonnen – ein Weg, der freilich länger und beschwerlicher ist, als beinahe alle kurz nach der Wende prophezeit und geglaubt haben. Das Engagement von VW und anderen Unternehmen hat der Heimat des Trabi dabei jedoch mehr Chancen beschert als vielen anderen Großstädten in den östlichen Bundesländern.

Süddeutsche aus Zwickau

Über die Herkunft der Bürger einer alten Reichs- und
Bergstadt am Fuße des Erzgebirges

Niemand weiß genau, wer die Menschen waren, die
im Jahre 1118 im Gau Zwickau wohnten, als Bertha
von Groitzsch eine Marienkirche stiftete. Auch die
Bewohner der erstmals 1212 erwähnten, wahrscheinlich um 1165 gegründeten Stadt Zwickau an der
Mulde sind unbekannt.

Historiker nehmen an, daß im Zuge der Ostkolonisation (die viel unblutiger verlaufen ist, als man uns
früher weismachen wollte) nach 1150 etwa zwei-
hunderttausend Deutsche in den heutigen Freistaat
Sachsen eingewandert sind. Sie trafen hier auf rund
vierzigtausend Sorben, mit denen sie nach deren Be-
kehrung zum Christentum im Laufe der nächsten
Jahrhunderte zu einem neuen deutschen Stamm, den
Obersachsen, verschmolzen sind.

Die Sorben bevorzugten offene Flußtäler und hatten sich deshalb zum Beispiel an der Mulde südlich
und nördlich von Zwickau angesiedelt. Die meisten
Waldgebiete, die damals den größten Teil Sachsens
ausmachten, blieben dagegen unbesiedelt und wurden erst von den deutschen Einwanderern erschlos-
sen.

Die in einer Urkunde von 1219 erwähnten Dörfer

Bucwen (Bockwa), Schetwiz (Schedewitz), Belwiz (Pölbitz), Crozne (Crossen), Unimia duo (die beiden Wulm, also Wulm und Kleinwulm), Slunz (Schlunzig) und Grabowe (in Glauchau aufgegangen) im Muldental waren offenbar sorbisch, während es sich bei den in derselben Urkunde genannten Gemeinden Osterwegen (in Zwickau aufgegangen), Hoendorf (Ober- und Niederhohndorf) und Nuwendorff (Naundorf) um deutsche Gründungen handelte. Bis ins 14. Jahrhundert hinein ist hierzulande noch sorbisch gesprochen worden; erst 1327 wurde der Gebrauch dieser Sprache vor den Gerichten in Zwickau (und Leipzig) ausdrücklich verboten.

Daß man in alten Einwohnerregistern auf vergleichsweise wenige Familiennamen slawischen Ursprungs wie etwa Keltzsch, Puglitzsch oder Trültzsch stößt, sagt zwar über den sorbischen Bevölkerungsanteil nicht viel aus. Denn als Familiennamen auch in den Dörfern allgemein üblich wurden, ist das flache Land um Zwickau schon eingedeutscht gewesen, und die Namensgebung richtete sich nach den Gewohnheiten der Mehrheit, deren Vorfahren aus dem Westen eingewandert waren. Aber mehr als 500 Sorben werden Anfang des 12. Jahrhunderts im heutigen Stadt- und Landkreis Zwickau ohnehin nicht gelebt haben; um 1300 hatte sich die Zahl der Einwohner hier schon auf etwa 18 000 erhöht.

Woher kamen die Ahnen der deutschen Bauern, die die unermeßlichen Wälder gerodet und dort viele neue Orte gegründet haben? Der größte Strom der Siedler, darüber ist sich die Geschichtsforschung einig, dürfte aus Mainfranken gekommen sein. Weniger stark, aber immerhin noch sehr bemerkenswert, war wohl der Zustrom aus Thüringen. In manchen Gemeinden haben sich auch Bayern niedergelassen, und selbst Altsachsen, Hessen, Rheinfranken, Flamen und Schwaben sind ins Schwanfeld gekommen, wie die Umgebung von Zwickau ehedem genannt wurde.

Wir haben damit ein Bild der Besiedlung vor uns, wie es sich bunter fast nirgendwo in Deutschland wiederfindet. Es läßt sich sogar direkt an manchen Dorfnamen ablesen. So sind Frankenhausen bei Crimmitschau, Langenhessen, Kleinhessen und Beiersdorf bei Werdau, Waldsachsen bei Meerane, Flemmingen, Schwaben und Franken bei Waldenburg ebenso wie Mosel bei Glauchau und Koblenz bei Gößnitz Herkunftsbezeichnungen der mittelalterlichen Gemeindegründer.

An der Kolonisation der Region Zwickau waren also alle deutschen Stämme beteiligt, wenn auch das fränkische Element dominierte, was sich sprachlich erhärten läßt: Die Nordgrenze der westerzgebirgischen Mundart, wie das benachbarte Vogtländisch eher mit dem Mainfränkischen als mit dem Thüringischen verwandt, verlief bis zum Beginn der Industrialisierung südlich von Glauchau; seitdem dringt das mehr thüringisch beeinflußte Obersächsisch, eine mitteldeutsche Ausgleichssprache der verschiedenen, von den Siedlern mitgebrachten Dialekte, immer weiter vor.

In der Stadt Zwickau selbst dürfte schon während der Gründungsphase die thüringische Komponente bei der Bevölkerung stärker gewesen sein als in den

Dörfern ringsum. Denn Bertha von Groitzsch hatte zum Eigentümer ihrer Stiftung das Benediktinerkloster Bosau bei Zeitz bestimmt. Aus diesem Kloster sind gewiß nicht nur die bezeugten sechs Mönche nach Zwickau gekommen, sondern eine Reihe von Mitarbeitern, die wiederum andere nach sich gezogen haben dürften – zum Beispiel Handwerker und Kaufleute.

Ist man bei der Beantwortung der Frage, woher die alten Zwickauer kamen, bis ins 16. Jahrhundert noch auf mehr oder weniger historisch gut abgesicherte Vermutungen angewiesen, so stehen seitdem dafür Lehns- und Bürgerbücher zur Verfügung. Im Lehnsbuch von 1536 sind zum Beispiel alle achthundert Zwickauer aufgeführt, die damals Hausbesitzer waren. Viele von ihnen dürften aus den Orten stammen, nach denen sie heißen: Dresden, Frankenberger, Freyberger, Kempnitzer (= Chemnitz), von Milau, von Neuenmark, Peßler (= Basel), Plagwitz (= Leipziger Stadtteil), Planitz oder Reichenbach. Andere nennen sich nach ihrer Stammes- oder Landesherkunft: Bayer, Behmisch, Böhm, Düring, Frank, Preuß und Schwab.

In den neuen Bürgerbüchern werden seit 1531 auch die Geburtsorte der Zuwanderer angegeben. Bei ihrer Auswertung ist der Heimatforscher Max Rau 1925 zu dem Schluß gekommen: »Im Reformationszeitalter läßt sich ein starker Zuzug aus Süddeutschland nachweisen, und zwar hauptsächlich aus den Gebieten von Hof über Ansbach-Bayreuth, Nürnberg, Donauwörth-Neuburg bis Augsburg, also aus dem Franken- und Schwabenlande. Mit dem Niedergang des deutschen Lebens im 17. Jahrhundert hörte die Einwanderung aus Schwaben auf, aus dem Frankenlande dauerte sie noch einige Zeit an.«

In den Mitteilungen des Zwickauer Altertumsvereins, die seinerzeit unter dem Titel »Alt-Zwickau« erschienen, schreibt Rau weiter: »Aus Österreich (zu dem seinerzeit auch Böhmen und Mähren gehörten) floß schon im 16. Jahrhundert viel neues Blut der Zwickauer Bevölkerung zu, im Zeitalter der Gegenreformation ward dieser Zustrom stärker, aber im 18. Jahrhundert versiegte auch diese Quelle. Starken Anteil an der Einwanderung haben die östlich vom Thüringer Wald gelegenen Gegenden, während aus Norddeutschland vom 16. bis 18. Jahrhundert nur Vereinzelte kamen. Im 17. und noch mehr im 18. Jahrhundert kommt als Quellgebiet für den Zustrom neuer Bürger fast nur die nähere Umgebung in Frage.«

Zwickau war demnach ethnisch eine süddeutsch geprägte Stadt mit sorbischem Einschlag, als im 19. Jahrhundert die Industrialisierung einsetzte: Innerhalb eines Jahrhunderts verzwanzigfachte sich dabei die Einwohnerzahl, begünstigt auch durch abnehmende Säuglingssterblichkeit und zunehmende Lebenserwartung. Sie hatte während der Blütezeit Zwickaus im 15./16. Jahrhundert fast 8000 betragen und war nach dem Dreißigjährigen Krieg auf etwa 3000 gesunken – eine Zahl, die erst um 1815 wieder nennenswert übertroffen wurde.

Der von der Industrialisierung und der großen Völkerwanderung in der Kriegs- und Nachkriegszeit ausgelöste Zuzug hat den Charakter der Stadt ebensowenig ändern können wie die Abwanderung vieler Zwickauer in den Westen nach 1945. Zweifellos sind dadurch aber die Unterschiede zwischen den deutschen Stämmen und Ländern insgesamt geringer geworden, stehen sich trotz der bald ein halbes Jahrhundert währenden Teilung Zwickauer und Dortmunder heute in vieler Hinsicht näher als etwa im Jahre 1897, was auch ohne Städtepartnerschaft so wäre.

Das ist natürlich nicht allein eine Folge der teils freiwilligen, teils erzwungenen Mobilität, sondern auch der gewaltig verbesserten Kommunikation. Kurzum, die Deutschen sind lange vor der Wende zu einem Volk von Schwestern und Brüdern geworden, in dem es derzeit freilich oft so zugeht wie in einer Familie zwischen reichen und armen Verwandten.

Das sächsische Schalke

*Mit Planitz wurde auch Zwickau im Jahre 1944
endlich eine Großstadt*

Planitz ist ein Opfer des Faschismus. So sehen das
jedenfalls manche Lokal-Patrioten, die noch heute der
früheren Unabhängigkeit ihres Heimatortes nach-
trauern. Dabei vergessen sie allerdings, daß die Dörfer
Nieder- und Oberplanitz schon 1907 und dann wieder
1923, kurz nach ihrem Zusammenschluß, Anträge auf
Eingemeindung gestellt hatten, die aber von der Stadt
Zwickau abgelehnt wurden. Zwanzig Jahre später ist
sie dann gegen den Willen der selbstbewußter gewor-
denen Planitzer doch erfolgt, weil das lange von einer
bürgerlichen Mehrheit regierte Zwickau nun Wahlen
nicht mehr fürchten mußte und endlich in den exklusi-
ven Club der deutschen Großstädte eintreten wollte.

Zwickau wurde zwar rund ein Dreivierteljahrhun-
dert eher schriftlich erwähnt als sein größter Stadtteil,
kann aber nur eine gräfliche, durch Bertha von
Groitzsch ausgestellte Geburtsurkunde vorweisen.
Dagegen taucht der Name Planitz erstmals in einer
kaiserlichen Urkunde auf, mit der Heinrich VI. am
8. Dezember 1192 in Merseburg das Kloster Bosau
bei Zeitz gegen Ansprüche des Ritters Ludowicus de
Plaunizc (Planitz) auf Teile des Dorfes Marienthal
schützte.

Wahrscheinlich hatte sich der aus Franken einge-
wanderte Ortsadel schon unter Friedrich Barbarossa,
dem Vater Kaiser Heinrichs VI., auf dem heutigen
Schloßberg ein festes Haus gebaut, aus dem im Laufe
der Jahre eine Burg als Mittelpunkt eines Rittergutes
geworden ist. Was vorher war, liegt im Dunkel der
Geschichte. Daß bereits in der Bronzezeit hier Menschen gelebt haben, weiß man seit 1839, als in einem
großen Hügelgrab u. a. ein uraltes Schwert gefunden
wurde.

Daß vor den Deutschen Sorben ansässig waren,
will niemand ausschließen, auch wenn die slawische
Herkunft des Ortsnamens als Beweis dafür allein
nicht ausreicht: Planitz hieß bis ins 15. Jahrhundert
Plawnitz (auch Plaunitz, Planewitz, Plebenitz, Plewe-
nitz, Plewenicz, Plauwuniz, Plonitz u. a.), was sich
auf das slawische Wort plaw (Plauen im Vogtland,
Plauenscher Grund bei Dresden, Plaue in Brandenburg, Plau in Mecklenburg) zurückführen und als
»Schwemmbach« oder »Schwemme« deuten läßt.

Denselben Namen tragen Dörfer im Kreis Meißen
(Planitz-Deila) und bei der pommerschen Stadt Barth
an der Ostsee, ebenso eine Wüstung bei Zerbst. Bis
1945 kam er auch in Böhmen vor, wo die tschechi-
sche Gemeinde Plánice südlich von Pilsen auf deutsch
Planitz hieß. Weniger bekannt sind die Obere und
Untere Planitz, zwei Havelinseln vor der Potsdamer
Innenstadt, sowie die vordere und hintere Planitz, ein
Waldgebiet zwischen Wurzen und Grimma, in dessen
Nähe das Barockschloß Otterwisch liegt, seit dem
19. Jahrhundert (wie die Burg Kriebstein) im Besitz
der Planitzer Schloßherren. Ein sprachlicher Zusam-

menhang mit der Plane, einem linken Nebenfluß der Havel, liegt nahe. Ähnlichkeiten bestehen zudem mit dem slowenischen Wintersportgebiet Planica und den Südtiroler Winzerdörfern Ober- und Unterplanitzing bei Kaltern, deren Namen freilich auf die lateinische Wortwurzel plan (eben) zurückgehen.

Die sächsische Burg, 1430 von den Hussiten zerstört, blieb bis 1571 im Besitz der uradligen Herren von der Planitz. 1522 verlieh Kaiser Karl V. Hans von der Planitz, dem »Außenminister« Friedrich des Weisen (an der Zwickauer Marienkirche erinnert eine Statue an ihn), und seiner Familie das höhere Adelsprädikat Edle. Ihnen gehörten außer Nieder- und Oberplanitz zeitweise weitere 35 Dörfer, die Schlösser Wiesenburg und Auerbach sowie die Städte Kirchberg und Auerbach.

Zwischen 1571 und 1689 ist die Herrschaft Planitz siebenmal verkauft worden. 1618 kam sie an den Zwickauer Rat und 1623 an Kurfürst Johann Georg I. 1640 brannten schwedische Truppen die Burg nieder. 1689 vertauschte Johann Georg III. sie mit der Herrschaft Pretzsch an der Elbe. Dadurch wurden die Nachkommen des kursächsischen Generalleutnants Wolf Christoph von Arnim für beinahe ein Vierteljahrtausend Guts- und Bergherren in Planitz.

Auf das ursprünglich altmärkische Uradelsgeschlecht gehen nicht nur das Barock-Schloß und der Park im englischen Landschaftsstil mit seinem schönen Teehaus, dem einzigen Rokoko-Bau Zwickaus, zurück, sondern letztlich auch die neugotischen Kirchen von Planitz und des benachbarten Cainsdorf. Denn die Arnims hielten sich genau an die Bestimmungen der »Stiftung vom Kohlberge«, die der damalige Gutsbesitzer Heinrich von Beust 1596 errichtet hatte, und vermehrten deren Vermögen durch Erträge aus ihren Gruben, wodurch beide Kirchenbauten finanziert werden konnten.

Der Planitzer Steinkohlenbergbau beginnt der Sage nach schon zur Sorbenzeit. Die erste sichere Nachricht stammt aus dem 15. Jahrhundert, doch dürfte der Abbau der Flöze, die an der Erdoberfläche ausstrichen, viel früher begonnen haben. Weithin bekannt wurde Planitz, als ein Flöz in Brand geriet; das Feuer ist erst Ende des 16. Jahrhunderts erloschen. 1641 entstand ein zweites Feuer, das mehr als zwei Jahrhunderte wütete.

1837 kaufte der Schneeberger Erfinder Ernst August Geitner ein ehemaliges Vitriol- und Alaunwerk und pachtete das durch den unterirdisch brennenden Flöz erwärmte Land nebenan, um einen »Dampfgarten« mit Treibhäusern zu errichten. Dort züchteten er und sein Sohn Südfrüchte und exotische Blumen, so daß die Geitnersche Treibgärtnerei bald weithin bekannt war. Nach 1865 wurde das unterirdische Feuer immer schwächer, bis es um 1880 schließlich völlig erlosch.

Dafür florierte der Planitzer Bergbau. Um 1800 sind *jährlich* nicht mehr als 2500 Tonnen Kohle gefördert worden, woran seinerzeit auch vierzig Bauern als Kleinunternehmer (sogenannte Kohlebauern) beteiligt gewesen sind. Hundert Jahre später waren es in den zwei Schächten der von Arnimschen Steinkohlewerke, wo 750 Bergleute arbeiteten, *täglich* rund 700 Tonnen! Der Kammerherr Arno von Arnim, dem seit

146

1909 neben den Gruben und dem damals 361 Hektar
großen Rittergut Planitz weitere Güter in Sachsen
und Bayern mit zusammen 3007 Hektar gehörten,
zählte denn auch vor dem Ersten Weltkrieg zu den
zwanzig reichsten Sachsen: Sein Vermögen wurde
1912 auf neun Millionen Mark geschätzt (auf Goldbasis in heutige Währung umgerechnet etwa 150 Millionen DM). Es übertraf damit sowohl das der
hochadligen Standesherren als auch das der Kohlen-
barone, Fabrikanten, Bankiers und Großkaufleute in
Zwickau und Umgebung.

Bedeutenden Anteil am Reichtum des Schloßherren, der 1919 im eigenen Wald bei Rehau ermordet
wurde, hatte dessen Vater Georg Heinrich von Arnim
(1800 bis 1855), einer der erfolgreichsten Industriellen Sachsens. Er forcierte die Kohlenförderung, indem er Dampfmaschinen einsetzte, beteiligte sich an
der Wiederaufnahme des Eisenerzabbaus im Nach-
bardorf Stenn, der in seiner Kindheit eingestellt worden war (endgültig 1885), und gehörte 1839 zu den
Mitbegründern der Königin-Marien-Hütte in Cainsdorf, die er schließlich selbst übernahm. Drei Jahre
nach seinem Tode beschäftigte seine Witwe in dem
Eisen- und Stahlwerk, das bis 1873 im Familienbesitz
blieb, 1600 Mitarbeiter – bei Krupp in Essen waren es
damals nur 1100. Später spezialisierte sich das Werk
auf den Bau von Stahlbrücken; seine 1500. Brücke
war das »Blaue Wunder« in Dresden.

Im Gegensatz zum Schloß der Arnims, das seit der
Wende teilweise wieder im alten Glanz erstrahlt und
inzwischen ein Gymnasium beherbergt, ist ein anderes Planitzer Schmuckstück von einst in einem eher

tristen Zustand: die alte Westsachsenkampfbahn, wo sich in den dreißiger und vierziger Jahren der 1912 gegründete Sportclub Planitz zum sächsischen Schalke entwickelt hatte. 1941/42 war er Sachsenmeister und 1948 (als Sportgemeinschaft) erster Ostzonenmeister geworden. Danach wurde die Mannschaft nach Zwickau verpflanzt, wo sie als ZSG Horch auch 1950 erster DDR-Meister geworden ist. Die lokale Verwurzelung wurde im Laufe der Jahre immer schwächer; auch drei Pokalsiege zwischen 1962 und 1975 konnten den Niedergang des Zwickauer Fußballs nicht aufhalten.

Der Vergleich mit Schalke hat nicht nur sportlich etwas für sich. Denn wie dieses westfälische Dorf waren Nieder- und Oberplanitz, die 1834 zusammen nur 883 Einwohner hatten, in wenigen Jahrzehnten zu großen Arbeiterwohnsitzgemeinden geworden: 1880 lebten hier schon 11 503, 1910 24 683 Menschen (deren Mehrheit zwar der evangelisch-lutherischen Landeskirche angehörte, von denen sich aber ungewöhnlich viele zu protestantischen Freikirchen und anderen Religionsgemeinschaften bekannten). Und wie Zwickau 1944 durch die Eingemeindung von Planitz Großstadt wurde, so hatte Schalke bereits 1903 Gelsenkirchen zu dem begehrten Status verholfen, ohne als Fußballhochburg abzudanken.

Auch in der gewerblichen Struktur gibt es eine Parallele: In Schalke war sie durch den deutsch-italienischen Industriellen Friedrich Grillo, in Planitz durch die Arnims einseitig geprägt worden. Zwar gab es neben Ziegeleien, Steinbrüchen und einer Brauerei ein paar Fabriken, in denen vor allem Herrenwäsche,

Zigarren, Bürsten, Kartons und Möbel, seit 1910 auch Strickwaren hergestellt wurden, aber die weitaus meisten Einwohner waren entweder in den Arnimschen Werken oder in Zwickau und den angrenzenden Orten beschäftigt. Schuld daran sind auch der Wassermangel und der fehlende Eisenbahnanschluß gewesen, den die Planitzer Herrschaft – von einem 1907 gelegten Gleis abgesehen, das bis 1968 befahren wurde – verhindert hatte.

Die Folgen waren katastrophal: Nachdem der heimische Bergbau 1925 wegen Erschöpfung der Lagerstätten aufgegeben werden mußte und die Weltwirtschaftskrise schon Ende der zwanziger Jahre die sächsische Industrie besonders hart traf, wurden in Planitz rund 3300 Erwerbslose registriert. Zusammen mit ihren Angehörigen war die halbe Gemeinde, seit 1924 mit Stadtrechten ausgestattet, ohne Arbeit.

Die wirtschaftliche Verelendung hatte politische Konsequenzen: 1932 erhielten die links- und rechtsradikalen Parteien in Planitz sowohl bei den Reichstagswahlen als auch bei der Kommunalwahl die absolute Mehrheit. Zwar war die SPD im Gemeinderat mit acht Sitzen vor KPD und NSDAP mit je sechs weiterhin stärkste Kraft, aber sie hatte drei Mandate eingebüßt, während sich die kommunistischen Gemeinderäte verdoppelt und die nationalsozialistischen sogar versechsfacht hatten. Bei der Reichstagswahl vom Juli 1932 überflügelte die NSDAP mit 33,5 Prozent (1930: 12,3) die SPD, die 11,5 Prozent verlor und bei 28,3 Prozent landete; die KPD steigerte sich von 18,7 auf 23 Prozent, und die bürgerlichen Gruppierungen endeten als Splitterparteien.

Bei der Parlamentswahl vom März 1933 erreichten die Nazis, obwohl ihr Ortsgruppenleiter Reichstagsabgeordneter war, mit 37,4 Prozent weniger als im übrigen Deutschland (43,9); SPD (30,1 Prozent) und KPD (24,4 Prozent) waren hier sogar deutlich stärker als anderswo (Reichsdurchschnitt 18,3 bzw. 12,3 Prozent). Dennoch ließen sich auch viele linke Wähler zunächst von der NS-Politik blenden, zumal der tüchtige Bürgermeister mit seiner Siedlungsförderung, der Errichtung eines großen Freibades (1932) und dem Ausbau der Westsachsenkampfbahn den Eindruck vermittelte, daß es in der jungen Stadt aufwärts ging. Daß Planitz später eine Hochburg der Bekennenden Kirche wurde, die sich gegen die Anhänger Hitlers im deutschen Protestantismus stellte, zeigte schon ein anderes politisches Stimmungsbild.

Ende 1933 hatte die Planitzer Sparkasse für 100 000 Reichsmark das Schloß (samt Park) gekauft und an die Stadt als Rathaus verpachtet. 1939 wurde ein Teil von Bockwa eingemeindet, wodurch Planitz an der Zwickauer Mulde einen eigenen, allerdings weit vom Ortskern entfernt liegenden Personenbahnhof erhielt. Doch schon am 1. Januar 1944 waren die kommunalen Blütenträume zerstoben: Planitz, wo bei Kriegsausbruch nur noch 22 513 Menschen gelebt hatten, wurde ein Stadtteil von Zwickau und teilte fortan dessen Schicksal.

Geigen, Perlen und Vulkane

*Der Musik-, Ski- und Bäderwinkel
im sächsischen Vogtland*

Wer einen Sinn für Zwischentöne hat, hört im oberen Vogtland, daß mit der Landschaft auch die Mundart wechselt. Das gerollte Zungen-R ist in Adorf und Bad Elster, in Markneukirchen und Bad Brambach typisch. Man spricht Oberpfälzisch – und wurde früher auch vom Bistum Regensburg und nicht, wie etwa die Plauener und Greizer, von der Diözese Naumburg betreut. Im Klingenthaler Grund und am Aschberg ist dagegen schon sprachlich der Einfluß des Westerzgebirges spürbar.

Die evangelischen Glaubensflüchtlinge aus Böhmen, die Ende des 17. Jahrhunderts hier den Bau von Musikinstrumenten einführten, werden oft für die Namensgeber der »klingenden Täler« gehalten. In Wirklichkeit geht der Name auf den Hammerwerksbesitzer Nikol Klinger zurück, der bereits ein Jahrhundert zuvor gelebt hat. Noch älter ist Markneukirchen, das neben einer Wasserburg entstand und zur selben Zeit wie Klingenthal böhmische Handwerker aufnahm. Sie brachten den Geigenbau mit, so daß bald vom »sächsischen Cremona« die Rede war.

Im 20. Jahrhundert ist aus dem vogtländischen »Musikwinkel« (so der Dichter Max Schmerler aus

Zwota) auch ein deutsches Skizentrum geworden, das berühmte Wintersportler wie den olympischen Bronzemedaillengewinner Harry Glaß hervorgebracht hat. Anfang der dreißiger Jahre wurde bei Mühlleiten die Vogtlandschanze gebaut, ein Vierteljahrhundert später die Große Aschbergschanze.

Westlich und südlich vom Musik- und Skiwinkel liegt das Elstergebirge mit den vogtländischen Bädern. Sie standen zwar immer im Schatten der böhmischen Konkurrenz, konnten sich aber gegenüber ihren deutschen Wettbewerbern früher gut behaupten, sieht man einmal von Baden-Baden und seinem internationalen Flair ab. So war Elster vor dem Krieg das achtgrößte deutsche Bad – hinter Baden-Baden, Kissingen, Reichenhall, Wiesbaden, Nauheim und Salzuflen, aber noch vor Wörrishofen, Pyrmont, Wildungen, Mergentheim und Oeynhausen.

Die seit dem Mittelalter bekannten Quellen sind erst relativ spät untersucht und noch später, nämlich erst seit 1818, zu Kurzwecken genutzt worden. Der Aufschwung begann 1849 mit der Erhebung Elsters in den Rang eines »Königlich Sächsischen Staatsbades«. Eine Zeitlang war der kleine Ort an der tschechischen Grenze dann Deutschlands bedeutendstes Moorbad. Die Palette der Heilanzeigen (vor allem bei Herz- und Kreislaufbeschwerden und Erkrankungen des Bewegungsapparates) war bald sehr breit und ist es bis heute geblieben. Manche Gäste lockte (und lockt) auch nur die wald- und wildreiche Umgebung – so Sachsens letzten König Friedrich August III., der in den Jahren vor dem Ende der Monarchie gern im April zur Auerhahnjagd kam. Ein anderer prominenter Gast war der zaristische Ministerpräsident Stolpin, der wenige Monate nach seinem Besuch 1911 in Rußland einem Attentat zum Opfer fiel.

Kleiner und als Badeort ein Jahrhundert jünger ist Brambach, wo 1910 die stärkste Radiumquelle der Welt entdeckt wurde. Nur wenige Kilometer entfernt, schon auf tschechischem Boden, befindet sich der erloschene Vulkan Kammerbühl, von allen feuerspeienden Bergen nördlich der Alpen am längsten (bis vor etwa 8000) Jahren tätig. Der dafür verantwortlichen Bruchzone zwischen Basalt und Granit verdanken die vogtländischen und böhmischen Bäder ihre Mineralquellen. Und die »Schwarmbeben«, die das obere Vogtland häufig erschüttern, haben dieselben Ursachen.

Der südlichste Zipfel Sachsens weist freilich nicht bloß sprachliche und geologische Eigenarten, sondern auch eine zoologische Besonderheit auf: In der Weißen Elster und ihren Zuflüssen leben noch einige tausend Flußperlmuscheln – der kümmerliche Rest der einst großen Perlenbänke, die (bis 1892 300 Jahre lang von der Oelsnitzer Familie Schmerler betreut) allein im 18. Jahrhundert den Kurfürsten in Dresden mehr als 11 000 der begehrten Schmuckstücke beschert hatten, woran heute noch eine Kette aus Elsterperlen im Grünen Gewölbe erinnert. Von diesen Perlen ging im 19. Jahrhundert der Anstoß zu einem neuen Gewerbe, der Adorfer Perlmuttindustrie, aus. Es stützte sich auch auf die Bestände im bayerischen Vogtland um Rehau, wo sich die inzwischen unter Naturschutz stehende Perlmuschel in dem dort reineren Wasser besser halten konnte.

Plauen leuchtet wieder

*Eine Stadt als Mittelpunkt des Vogtlandes,
die sich gewaschen hat*

Plauen liegt wieder im Mittelpunkt des Vogtlandes. Ist es aber noch das, was es einmal gewesen ist – sein Zentrum? Vor dem Zweiten Weltkrieg war Plauen nicht nur die einzige vogtländische Großstadt, sondern mit seinem kulturellen Leben, seinen eleganten Geschäften und seinen schicken Restaurants ein Anziehungspunkt für viele Menschen aus Oberfranken und dem Egerland, aus dem westlichen Erzgebirge und dem südöstlichen Thüringen. »Auf der Bahnhofstraße«, so schrieb die »Frankfurter Allgemeine Zeitung«, über diese Zeit, »trafen sich ehedem die Flaneure aus Bayreuth und Nürnberg«.

Anfang des Jahrhunderts sollen mehr als hundert Millionäre in der rasch zu Wohlstand gekommenen Stadt auf halber Strecke zwischen Berlin und München gewohnt haben. Die »Plauener Spitze« war so weltberühmt geworden, daß die Vereinigten Staaten hier ein Konsulat errichteten. Die Vomag, hervorgegangen aus der Vogtländischen Maschinenfabrik von J. C. und A. Dietrich, gehörte zu den bekanntesten deutschen Herstellern von schweren Lastkraftwagen und Omnibussen. Das Unternehmen galt im Krieg auch als »Panzerschmiede«. Wurden nur deshalb im

April 1945 – also kurz vor der deutschen Kapitulation – beim letzten der insgesamt vierzehn Angriffe
seit September 1944 drei Viertel der Stadt von US-
Bombern in Schutt und Asche gelegt?

Plauen hat sich davon bis heute nicht völlig erholt,
zumal die amerikanischen Besatzungstruppen im
Sommer 1945 von sowjetischen abgelöst wurden und
die Stadt, nach der deutschen Teilung durch Enteignung ihrer wirtschaftlichen Führungsschicht beraubt
und von ihrem bayrisch-böhmischen Einzugsgebiet
abgeschnitten, gleichsam in einem toten Winkel lag.
Vor diesem Hintergrund ist es kein Wunder, daß
Plauen nur noch zwei Drittel der Einwohner von
1939 hat, während sich die alten Konkurrenten Gera
und Zwickau inzwischen zu Großstädten entwickelt
haben.

Die Phase des sprunghaften Wachstums war freilich schon 1912 vorbei, als in der »Vogtland-Metro-
pole« 128 014 Bürger wohnten. Hatte sich die Einwohnerzahl bis dahin seit 1834 um mehr als das
Vierzehnfache vergrößert, so sank sie danach bis
1939 auf 112 000. Schuld daran waren ein Stilwandel
um 1910, der die Ausfuhr der Plauener Luxustexti-
lien mit einem Schlag halbiert hatte, was bis 1914
zum Verlust von vielen tausend Arbeitsplätzen
führte, und der Erste Weltkrieg, dessen Folgen die
exportorientierte Industrie Sachsens besonders hart
traf.

In den Zwischenkriegsjahren konnte die Stadt freilich noch von ihrem Ruf als Lieferant von Spitzen und
Gardinen zehren, die den Geschmack der Gründer-
zeit getroffen hatten und die auch nach 1918 trotz

Werkbund und Bauhaus nicht überall aus der Mode gekommen waren. Außerdem gelang es dem Plauener Maschinenbau seinerzeit nicht nur mit LKWs und Bussen, sondern auch mit Druckmaschinen auf neue Felder vorzustoßen, wodurch manche Erwerbslose aus der Textilbranche wieder Arbeitsplätze fanden.

Bei den Bombenangriffen 1944/45 kamen dann 2000 Menschen um, viele waren an der Front gefallen, andere starben in Gefangenschaft. Da 27000 Wohnungen und 1000 Fabrikanlagen und Werkstätten zerstört waren und der Wiederaufbau nur schleppend vonstatten ging, entvölkerte sich die Stadt immer mehr, wozu auch die nahe Zonengrenze beitrug. Nach dem Bau der Mauer zog es andere in diejenigen Gebiete der DDR, die von der SED-Führung nicht so stiefmütterlich behandelt wurden wie das Vogtland.

In der trügerischen Zeit der ersten Honecker-Jahre wurde der Wohnungsbau forciert, wurden auch manche Gebäude aus der Jahrhundertwende im Zentrum rekonstruiert und einige Neubauten dort errichtet. Plauener Spitzen und Gardinen, die Druckmaschinen der Plamag, die Produkte des Metalleichtbaukombinats, die Bücher des Sachsendrucks, Glühlampen, Damenmäntel und Kinderbekleidung schienen sichere Arbeitsplätze und einen bescheidenen Wohlstand zu verbürgen. Daß viele Waren gegen Devisen im Westen geradezu verschleudert wurden und kaum in moderne Anlagen investiert worden ist, hat man zwar geahnt, aber über das ganze Ausmaß dieser verfehlten Wirtschaftspolitik wußten nur wenige Bescheid.

Die große Kombinate haben das Ende der DDR

denn auch nicht überlebt. Teile von ihnen existieren als Tochter- oder Zweigfirmen westdeutscher Unternehmen fort, so daß in Plauen zum Beispiel auch weiterhin Druckmaschinen und Glühlampen gefertigt werden. Der Plan, den »volkseigenen« Konzern der Plauener Spitze ohne erhebliche Abstriche zu privatisieren, ist dagegen gescheitert. Den Kern gibt es jedoch noch und um ihn herum haben sich mehrere kleine und mittlere Hersteller gruppiert, was der erfolgreicheren Struktur der Vorkriegszeit eher entspricht als der wenig elastische Großbetrieb, der nach den gigantomanischen Vorstellungen der kommunistischen Ökonomie entstanden war.

Der Umbau der sozialistischen Plan- in eine kapitalistische Marktwirtschaft hat auch in Plauen viele Arbeitsplätze gekostet. Aber die Erwerbslosenquote ist hier vor allem wegen der Nähe zu Bayern (das inzwischen auf einer nagelneuen Autobahn erreicht werden kann) nicht ganz so hoch wie anderswo. Auch die vielen mittelständischen Existenzgründungen haben dazu beigetragen. An Baukränen und -gerüsten, frisch verputzten Fassaden und reparierten Dächern zeigt sich der verhaltene Optimismus einer Bevölkerung, die im Herbst 1989 früh gegen das SED-Regime auf die Straße gegangen ist und nun auf eine bessere Zukunft setzt: Plauen wirkt heute schon an vielen Stellen wie eine Stadt, die sich gewaschen hat.

Die Bomben haben neben dem Renaissance-Rathaus und einigen barocken Bürgerhäusern mehr historistische Renaissancebauten, neobarocke und neogotische Gebäude verschont, als man früher wahrnahm, weil der Sozialismus mehr an schnell hochgezogenen Plattenbauten und nicht so sehr an der Pflege der erhaltenen Substanz interessiert war. Da die Stadt keine ausgesprochenen häßlichen Industrie- und Arbeiterquartiere gekannt hat, ist die Besinnung auf die gute alte Zeit bis in die Vororte hinaus spürbar.

Plauen, so könnte man in Abwandlung eines von Thomas Mann einst auf München gemünzten Wortes sagen, Plauen, die fast vergessene Großstadt mitten im Vogtland, leuchtet wieder, ein bißchen jedenfalls.

Ein Berliner aus dem Vogtland

*Der Schriftsteller Martin Kessel war stets
ein literarischer Geheimtip*

Im Jahre 1954 war ihm mit dem Georg-Büchner-Preis
die bedeutendste literarische Ehrung der Bonner Republik zuteil geworden. Seine Bücher erschienen bei
den feinsten Adressen der deutschen Verlagsszene:
bei Kiepenheuer in Weimar, der Deutschen Verlags-
Anstalt in Stuttgart, Suhrkamp in Frankfurt am
Main, Rowohlt in Hamburg und Luchterhand in
Darmstadt. Gekannt und gelesen haben Martin Kessel in den letzten Jahren dennoch nur wenige: er war
das geworden, was man einen Geheimtip nennt.

Der Romancier und Erzähler, Lyriker, Essayist und
Aphoristiker aus Plauen im Vogtland starb am Oster-
samstag 1990, seinem 89. Geburtstag, in Berlin, wo
er seit 1923 wohnte und arbeitete. Hier, in München
und in Frankfurt am Main hatte er Literatur-, Thea-
ter-, Kunst- und Musikwissenschaften studiert. Seine
Dissertation schrieb er über die Novellentechnik
Thomas Manns, seinem großen Vorbild aus der damals noch nicht klassischen Moderne.

Im Laufe seines Lebens ist der gebürtige Vogtlän-
der – dem »die eigentümlich sächsische Begabung
oder besser Mischung von Gaben« bescheinigt
wurde, das Romantische mit dem Ironischen zu ver-

159

binden – zum gelernten Berliner geworden. Die Stadt war ihm »gleichsam ein Labyrinth, dessen gegenwärtige und geschichtliche, dessen zutiefst romantische Zeichen ihm als Lebenssignal und Wegweiser« dienten. Schon seine ersten Verse (»Gebändigte Kurven«, 1925), die ihm 1926 eine Ehrengabe des seinerzeit hoch angesehenen Kleist-Preises einbrachten, waren als »überraschender Beitrag eines verheißungsvollen sarkastischen Temperaments zur Physiognomik Berlins« begrüßt worden.

Als besonderer Ausdruck des Berliner Geistes gilt sein großer Roman »Herrn Brechers Fiasko« (1932), der in der Werbeabteilung eines Versicherungskonzerns spielt. (Den Umschlag zeichnete Kessels Landmann Erich Ohser, später unter dem Pseudonym e. o. plauen bekanntgeworden.) Aus ihm spricht der skeptische Ton eines »unbestechlichen Moralisten«. Fragmente aus dem Roman waren schon 1929 in der Anthologie »Hier schreibt Berlin« abgedruckt worden, in der die Texte des 28jährigen neben Beiträgen der hauptstädtischen Literaturelite erschienen.

»Herrn Brechers Fiasko« folgten der Maler-Roman »Die Schwester des Don Quijote« (1938) und der Schauspieler-Roman »Lydia Faude« (1965). Außerdem hat Kessel weitere Gedichtbände (zuletzt 1971: »Alles lebt nur, wenn es leuchtet«) vorgelegt, Erzählungen (u. a. »Eine Frau ohne Reiz«, 1929) geschrieben, literarische Essays (Gesamtausgabe unter dem Titel »Ehrfurcht und Gelächter«, 1974) verfaßt und Aphorismen (u. a. »Gegengabe«, 1960) veröffentlicht.

1961 war ihm noch der Westberliner Kunstpreis,

1962 der Preis der Bayerischen Akademie der Schönen Künste verliehen worden. Aber allmählich wurde
es stiller um ihn – einen Schriftsteller, der »vorbildli-
che sprachliche Genauigkeit und Vollendung« bewiesen und »in einer Zeit der Formauflösung lebendige
Tradition« verteidigt hatte.

Daß er keiner der neuen literarischen Moden erlag
und dem Literaturbetrieb fern blieb, bescherte ihm
eine selbstgewählte Isolation, aus der er nur hin und
wieder von den Akademien in Mainz und Darmstadt
befreit wurde, denen er lange angehörte. Schließlich
war er zu Lebzeiten beinahe vergessen, ein immer
mehr verkannter Berliner Dichter aus dem Vogtland,
das ehedem an der Spree literarisch nur in Bettina von
Arnims berühmten Buch, das »dem König gehört«
(1843), präsent war – als Armenkolonie vor dem
Hamburger Tor, die Friedrich II. ursprünglich für
mitteldeutsche, vor allem aus dem Vogtland stam-
mende Bauhandwerker bauen ließ. Martin Kessel hat
dieses Viertel gemieden und sich im (von altersher
feineren) Westen Berlins niedergelassen.

Der Chemnitzer Tempel des Jugendstils

Henry van de Veldes Villa
für den Strumpffabrikanten Herbert Esche

In der Münchner Galerie Wolfgang Ketterer wurde Mitte November 1990 für knapp 800 000 DM ein Teil der Einrichtung einer sächsischen Villa versteigert, die zu den bedeutendsten Bauten des Jugendstils in Deutschland gehört. Sie ist 1903 nach den Plänen des belgischen Architekten Henry van de Velde (1863 bis 1957) in der Chemnitzer Parkstraße 58 für den Industriellen Herbert Esche (1874 bis 1962) errichtet worden.

Der Bauherr war Mitinhaber der Firma Moritz Sml. Esche in Chemnitz, seinerzeit die größte Strumpfwarenfabrik Deutschlands. Sein Vater hatte ein Vermögen hinterlassen, das vor dem Ersten Weltkrieg nicht viel kleiner war als das des sächsischen Königs Friedrich August III. Obwohl Herbert Esche im »Jahrbuch des Vermögens und Einkommens der Millionäre im Königreich Sachsen« von 1912 mit drei Brüdern aufgeführt wurde, ist er allein auf 6,5 Millionen Mark geschätzt worden. Auf Goldbasis in heutiger Währung umgerechnet, ergibt das rund 100 Millionen DM.

Herbert Esche hatte als Architekt mit Henry van de Velde einen Mann gewonnen, der den künstlerischen

Ausdruck seiner Zeit entscheidend mitgeprägt und noch die folgenden Generationen nachhaltig beeinflußt hat. In Antwerpen geboren, ist er weniger für seine belgische Heimat als für den deutschen Jugendstil bedeutsam geworden. 1897 hatte er zum erstenmal seine Arbeiten auf der Kunstgewerbeausstellung in Dresden gezeigt und danach von Karl Ernst Osthaus den Auftrag erhalten, das Folkwang-Museum in Hagen zu bauen. 1901 wurde er als künstlerischer Berater des Großherzogs Wilhelm Ernst von Sachsen nach Weimar berufen, wo er ab 1906 an der neugegründeten Kunstgewerbeschule lehrte, aus der später das Staatliche Bauhaus hervorging.

Seine künstlerische Laufbahn begann er als Maler in Paris, zunächst beeinflußt von den Pointillisten, van Gogh und Vuillard. Die Ideen seiner Vorbilder nehmen jedoch bei ihm schon bald andere Formen an; seine Gemälde werden von dichtem, linearischen Leben dynamisch bewegt, der Ausgleich zwischen Kontur- und Binnenlinien, die er in parallelem Gleichklang einander zuordnet, wird stärker.

Diese dekorative Ordnung läßt seine Bilder immer mehr zum Ornament werden, zum schmückenden Akzent im Raum. Und der Raum, seine Ausstattung, das optische Zusammenwirken aller Gegenstände in ihm waren es schließlich, dem van de Velde neben der Architektur sein ganzes Interesse zuwandte. Für ihn war der Wohnraum, unter dem er auch das Haus selbst verstand, der Ursprung jeder künstlerischen Gestaltung, in dem sich alle Linien und Formen in einem wohlabgestimmten Bild zusammenfinden sollten.

In einem solchen Raum hatten Bilder einen ganz bestimmten Platz. Doch war die Malerei an den Interieurs van de Veldes noch in einem viel bedeutsameren Sinne beteiligt: als Farbe. Die Farbigkeit seiner Räume verfolgt die Idee einer genau festgelegten Abstimmung auf Weiß, Weiß-Rot, Grün oder Blau, wobei die für einen Raum gewählten Farben seinem Stimmungs- und Erlebnisgehalt entsprechen sollten. Eine Idee, die in der Innenarchitektur unserer Tage fortwirkt, wenn wir auch die Gesamtstimmung der Räume in der von van de Velde angestrebten Form heute nicht mehr verstehen.

Als Architekt, Maler und Kunstgewerbler, dazu als hervorragender Pädagoge gewann van de Velde durch seine Schöpfungen wie durch seine Lehre großen Einfluß auf die junge Generation seiner Zeit. Als Architekt gab er durch das Zusammenwirken und Entsprechen von Linien und Formen einem neuen Baustil Ausdruck. Sein Haus in Brüssel, das Kröller-Müller-Museum in Otterloo und die Universitätsbibliothek in Gent zeigen die vollkommene Verwirklichung seiner Ideen. In Mitteldeutschland lassen sie sich an der Kunst- und der Kunstgewerbeschule in Weimar, van de Veldes eigenem Haus in Ehringsdorf bei Weimar, am Abbé-Denkmal in Jena und eben am Haus Esche ablesen.

In seinen Gebäuden sollten sich schließlich auch Kleidung und Auftreten ihrer Bewohner harmonisch dem umgebenden Ganzen anpassen. Mit dieser Tendenz, den lebenden und sich bewegenden Menschen in das Gesamtkunstwerk einzubeziehen, wird deutlich, daß van de Veldes Kunst und mit ihr der ganze

Jugendstil mehr sind als eine formale Kunstrichtung: Er ist der Stil einer neuen Gesellschaft, die mit den Ideen des Sozialismus kokettierte, zu dem auch van de Velde damals tendierte, was seine Faszination für Friedrich Nietzsche nicht minderte (1903 entwarf er die Einrichtung für das Nietzsche-Archiv in Weimar).

Die Pläne zum Bau des Hauses Esche entstanden im Jahre 1902, nach van de Veldes Umsiedlung nach Weimar. In seiner Erinnerung wünschte Herbert Esche »ein Haus zu haben, das mit dem Geist der für ihn geschaffenen Möbel und anderen Gegenstände übereinstimmte, um endlich den zwischen der Einrichtung und der vulgären und prätentiösen Mietswohnung bestehenden Widerspruch zu beseitigen, in dem er lebte.« Diesen Kontrast empfand er, wie van de Velde in der »Geschichte meines Lebens« erzählte, »als eine ständige Beleidigung«, von der ihn nur ein Haus befreien könne, dessen Außenbau der gleichen künstlerischen Konzeption entspräche wie der Innenausbau und die Möbel.

Esche und van de Velde kannten sich damals schon längere Zeit. »Er setzte sich als einer der ersten schriftlich mit mir in Verbindung«, heißt es in den Lebenserinnerungen des Künstlers: »Anhand eines Grundrisses der Wohnung, die er nach der Rückkehr von einer Reise nach Südamerika mit seiner jungen Frau beziehen wollte, hatte ich die Einrichtung zu entwerfen. Ich hatte völlig freie Hand und konnte aus dem Vollen schöpfen, da Herberts Schwiegervater, ebenfalls ein Industrieller, großzügig die Kosten übernahm.«

Der in exponierter Hanglage errichtete, noch heute

stehende Chemnitzer Bau (selbst am Straßennamen hat sich nichts geändert!) wirkt massiv und kompakt, wie Beate Dryvon Zèzschwitz in ihrer Einführung zum Katalog der 153. Auktion der Galerie Wolfgang Ketterer betonte: »Durch den Kontrast zwischen der gebogten Brüstung des Balkons, der die in den Baukörper einbezogene Terrasse überdacht, und den oben abgerundeten Stützmauern, die wie Strebepfeiler den vorspringenden, über die drei Geschosse hinaufreichenden Teil der Gartenseitenfassade zusammenhalten, ergibt sich eine Balance zwischen horizontalen und vertikalen Kräften. Architektonische Gesetze wurden für das Haus Esche bestimmend und verdrängten van de Veldes frühere dekorative Gestaltungsweise: Das Haus Esche gilt folgerichtig, neben dem 1904 in Scheveningen bei Den Haag erbauten Haus Leurings, als eines der beiden Hauptbeispiele des Durchbruchs van de Veldes zur eigentlichen Architektur!

Die Inneneinrichtung dieses bedeutenden, später erweiterten Hauses, des ersten architektonischen Werkes van de Veldes in Deutschland, bestand aus einer Gruppe von Möbeln und anderen Gegenständen aus Esches vormaliger Wohnung, hergestellt in van de Veldes Werkstätten sowohl in Brüssel als auch ab 1899 in Berlin, die nach Abschluß der Bauarbeiten 1903/04 von weiterem Mobiliar nach van de Velde Entwürfen allmählich ergänzt wurde.

Diese zweite Gruppe von Möbeln, zusammen mit dem Innenausbau wie den Türen des Hauses, wurde 1902/1903 von der Hagener Tischlerei Fritz Lösse ausgeführt, die Karl Ernst Osthaus im Zuge seiner

166

Bemühungen um die Hebung der Hagener Kunstindustrie van de Velde empfohlen hatte. Die Ausfüh-
rung der Möbel wurde als so vorbildlich empfunden,
daß man sie 1903 im Folkwanggebäude in Hagen
zeigte, bevor sie ihren Platz im Haus Esche fanden.
Weiteres Mobiliar für Herbert Esche nach Entwürfen
von van de Velde wurde ab 1905 von dem Hof-
tischlermeister Scheidemantel in Weimar hergestellt.
Andere Einrichtungsgegenstände wiederum stammten aus der Produktion der Weimarer Kunstindustrie,
bis hin zu den Korbmöbeln, Brieföffnern aus Elfen-
bein und Meerschaumpfeifen.«

Die von der Presse geäußerten Befürchtungen, die
in München zur Auktion anstehenden Möbel und anderen Objekte könnten in alle Winde zerstreut werden, sind glücklicherweise nicht eingetreten. Denn die
Mitarbeiter der Chemnitzer Stadtverwaltung haben
bei Ketterer fast 95 Prozent der dort angebotenen
(und seit Jahrzehnten in Bayern gelagerten) Gegenstände aus dem Hause Esche ersteigert, so daß die
Villa allmählich wieder das werden könnte, was sie
einst war: ein Tempel des Jugendstils und damit eine
Wallfahrtsstätte für die ganze Welt. Die Stadt versucht, für das derzeit in Privatbesitz befindliche Haus
eine Lösung zu finden, um Kunstfreunde auf dem
Weg nach Dresden nach Chemnitz zu locken – nicht
nur wegen der Bilder von Karl Schmidt-Rottluff im
Städtischen Museum, sondern auch wegen Henry van
de Veldes Villa in der Parkstraße.

Das silberne Weihnachtsland

»Jahresendfiguren mit Flügeln« aus dem Erzgebirge
als Exportschlager der DDR

Vor dem Zweiten Weltkrieg waren sie außerhalb Sachsens eher selten. Heute sieht man sie auf allen Weihnachtsmärkten: Nußknacker und Räuchermännchen. Lichterengel und Bergleute, Pyramiden und Schwibbogen aus dem silbernen Erzgebirge an der sächsisch-böhmischen Grenze.

Im Thüringer Wald, im Vogtland, in der Oberlausitz, vor allem aber im Erzgebirge hat sich ein weihnachtliches Brauchtum entwickelt, das über diese Landschaften weit hinausstrahlt. Schon vor dem Kriege waren Dresdner Christstollen, Herrnhuter Adventssterne, erzgebirgische Spielwaren, Thüringer Baumschmuck und das Lied »Morgen, Kinder, wird's was geben« des Schulmeisters Hering zwar bekannt, aber erst seit der deutschen Teilung gilt das Erzgebirge als das Weihnachtsland schlechthin.

Das Leuchterpaar Engel und Bergmann, das zu den besonders charakteristischen Weihnachtsfiguren gehört, illustriert den Ursprung dieser Volkskunst, den Bergbau, auf den der seit Mitte des 18. Jahrhunderts gebräuchliche Name des Gebirges zurückgeht. Der Bergbau begann hier im 12. Jahrhundert, als bei Freiberg das erste Silber gefunden wurde. Später sind auch Blei, Nickel, Kobalt, Kupfer, Zink, Zinn, Eisenerz und Wismut, nach 1945 für die sowjetische Besatzungsmacht in großem Stil Uranpechblende abgebaut worden. In ihr hatten Madame Curie und ihr Mann 1898 die Elemente Polonium und Radium entdeckt (diese Pechblende stammte freilich von der böhmischen Seite des Gebirges, aus St. Joachimsthal, nach dessen alten Silbermünzen Taler und Dollar heißen).

Die früh hochentwickelte Montanindustrie des Erzgebirges begründete den einstigen Wohlstand des Landes und erlaubte es seinen Kurfürsten, die polnische Königskrone zu erwerben und so lange zu behaupten, bis Preußens Gloria Sachsens Glanz endgültig verdunkelt hatte. Heute erinnern die alten Hammerwerke und die rußigen Fabrikgebäude, die Burgen und Schlösser, die Bürgerhäuser und Villen, vor allem aber die spätgotischen Kathedralen von Schneeberg und Annaberg, die Goldene Pforte in Freiberg und der Marienaltar in Zwickau daran, daß es im Erzgebirge einst neben viel Schatten auch einige Lichtblicke gab. Denn nicht wenige der reichen Familien haben ihr Geld eben nicht verpraßt, wie von ihren sozialen und weltanschaulichen Gegnern gerne behauptet wird, sondern in ihre Betriebe investiert und in schönen Gebäuden zur Schau gestellt.

Als der Niedergang des Silberbergbaus einsetzte, wurde die vor allem im westlichen Erzgebirge um das barocke Städtchen Schneeberg als Feierabendbeschäftigung gepflegte Holzschnitzerei für künstlerisch begabte Bergleute zum Nebenerwerb. Während die Männer schnitzten, klöppelten ihre Frauen Spitzen, die von der ehedem reichen Berg- und Handelsstadt Annaberg aus bis nach Amerika vertrieben wurden, weshalb die USA vor dem Ersten Weltkrieg dort ein Konsulat unterhielten. Später kam in der waldreichen Gegend die Drechselei auf, die aus den kleinen Gemeinden rund um den obererzgebirgischen Bergflecken Seiffen ein wahres Spielzeugparadies mit Märchendörfern werden ließ.

Das SED-Regime hat davon kräftig profitiert, weil diejenigen, die seinetwegen auswandern mußten, im Westen für das Weihnachtswunderland und seine schönen Figuren geworben und sie damit zu Exportschlagern gemacht haben. Auch »Käthe Wohlfahrts Christkindlmarkt« in Rothenburg ob der Tauber und seine vielen Filialen, die bei amerikanischen und japanischen Touristen fast noch beliebter sind als bei Westdeutschen, wurden von der DDR beliefert. Dabei hatten sich seine Inhaber der »Republikflucht« schuldig gemacht, was bei den devisenbringenden Geschäftspartnern großzügig übersehen wurde, während die DDR-Bürger zunehmend leer ausgingen und bei Westbesuchen erbittert zusehen mußten, wie die von ihnen so geliebten Engel und Bergleute auf den Weihnachtsmärkten an Bundesbürger und Ausländer zu Dumpingpreisen verschleudert wurden.

Um an harte DM und andere kapitalistische Währungen zu kommen, scheuten die Außenhandelsfunktionäre der DDR oft (fast) vor nichts zurück. So wurde zwar auch die 1915 von Margarete Wendt und ihrer Studienfreundin aus der Dresdner Kunstgewerbeschule, Margarete Kühn, gegründete Firma in Grünhainichen bei Seiffen, deren Weihnachtsengelchen mit den weißgepunkteten grünen Flügeln zu

Markenartikeln geworden sind und weltweit gesammelt werden, 1972 enteignet und in einen sogenannten »volkseigenen Betrieb« umgewandelt. (Er ist seit 1990 reprivatisiert.) Unter den Füßen der von der gebürtigen Grünhainicherin Grete Wendt (1887 bis 1979) entworfenen Miniaturputten klebte aber auch nach der Sozialisierung lange Zeit weiter das Zeichen W u K (Wendt und Kühn), weil die stark vom Jugendstil beeinflußten, am Anfang von den Deutschen Werkstätten Hellerau des Zschopauer Tischlermeisters Karl Schmidt geförderten Figuren begehrter waren als ähnliche Erzeugnisse der erzgebirgischen Volkskunst.

Daß das weiß-grüne Zeichen inzwischen VEB Werk und Kunst bedeutete, wußte außerhalb Sachsens kaum jemand, und die DDR-Exportorganisation hütete sich, darüber ungefragt aufzuklären. Erst in den letzten Jahren vor der Wende wurde auf dieses Täuschungsmanöver verzichtet; unter den Figuren stand nun auf einem weiß-roten Aufkleber nichtssagend »exportic« und wegen der zunehmenden Konkurrenz aus Ostasien später auch »Original Erzgebirge«.

Statt sich an den Weihnachtsengeln zu bereichern, hätte die kommunistische Obrigkeit, wäre alles mit rechten Dingen zugegangen, aus ideologischen Gründen auf ihre Produktion eigentlich verzichten müssen. Man suchte und fand jedoch einen Ausweg: Im amtlichen DDR-Sprachgebrauch wurden auf dem Höhepunkt des erzgebirgischen Kunstgewerbe-Exports aus Engeln »Jahresendfiguren mit Flügeln«, die auch im Namen nichts mehr mit ihrer christlichen Herkunft zu tun haben sollten.

In der DDR selbst reagierte die SED konsequenter: Um das Brauchtum als »nationales Kulturerbe« zu pflegen, wurden viele Plätze des silbernen Gebirges und des benachbarten Vogtlandes nach dem Vorbild des Lichterdrehturms in Schwarzenberg, den der Fabrikant, Mundartdichter und Volkskunstsammler Friedrich Emil Krauß Mitte der dreißiger Jahre hatte aufstellen lassen, mit großen »Ortspyramiden« geschmückt, von denen es heute mehr als zweihundert gibt. Die älteste steht seit 1934 in Aue, die mit vierzehn Metern höchste seit 1997 auf dem Dresdner Striezelmarkt.

Auf diesen elektrisch angetriebenen und beleuchteten Pyramiden drehen je nach der Lokaltradition zusammen mit einheimischen Tieren Bergleute, Hüttenarbeiter und Bauern, Förster, Jäger und Wilddiebe, Sportler, Beerensucher und Pilzsammler, Nußknakker, Räucher- und Moosmänner in historischen Kostümen oder zeitgenössischem »Outfit« ihre Runden. Vor 1989 hatten sie dabei, natürlich, auf Abweichungen von der offiziellen Parteilinie zu achten und mußten deshalb meistens auf die Gestalten der biblischen Weihnachtsgeschichte und die Gesellschaft himmlischer Heerscharen verzichten, die hier auch als »Jahresendfiguren« unerwünscht waren.

Ein schwarzer Prinz in Freiberg

*Der erste Student aus Afrika verbrachte an der
Bergakademie seine schönsten Jahre*

Im Freiberger Museum hängt ein Bild des sächsischen
Hofmalers Carl Christian Vogel von Vogelstein, das
den ersten afrikanischen Studenten der Bergakademie
zeigt. Er war kein gewöhnlicher Student, sondern,
nach europäischen Maßstäben, eine »Köngliche Ho-
heit«: Prinz Aquasie Boachi, der Sohn des Königs
Kwakoe Dua von Aschantiland.

Die für ihren Goldreichtum und ihre Goldschmie-
dekunst, aber auch für ihren Sklavenhandel bekannten Aschanti hatten Ende des 17. Jahrhunderts in
Westafrika, am unteren Volta, ein großes Reich geschaffen, das den Vergleich mit europäischen und
asiatischen Staaten damals nicht zu scheuen
brauchte. Der Gründer des Aschanti-Reiches war
Osei Tutu, der von 1695 bis 1731 regierte. Er hatte
damit begonnen, die Nachbarstämme zu unterwerfen
und ihre Jugendlichen an die Europäer als Sklaven zu
verkaufen. Im späten 18. Jahrhundert schließlich um-
faßte das Aschantiland beinahe den gesamten Süden
des heutigen Ghana.

Gerade die Expansionspolitik der überaus stolzen
Aschanti und ihr Sklavenhandel führten am Ende den
Untergang ihres Königreiches herbei. Denn die wie-

derholten Versuche der unterworfenen Stämme, ihre Selbständigkeit zurückzugewinnen, wurden von den europäischen Kolonialmächten, die Niederlassungen an der Goldküste unterhielten, benutzt, um in die Auseinandersetzungen einzugreifen. Besonders die Briten, die das Land später in einem fast dreißigjährigen Krieg eroberten, taten sich dabei hervor; aber auch die Niederlande und Dänemark, an der Goldküste seinerzeit ebenfalls mit Stützpunkten vertreten (wie früher selbst Kurbrandenburg), schürten die Konflikte zwischen Unterdrückern und Unterdrückten.

In einem solchen Konflikt erzwangen die Holländer einen Vertrag mit den Aschanti, nach dem König Kwakoe Dua Polizeisoldaten nach Niederländisch-Indien, also in das heutige Indonesien, entsenden sollte, um ihnen dort die vielfach schmutzigen Geschäfte abzunehmen. Zur Einhaltung des Vertrages ließ der kommandierende General der Holländer den Königssohn Aquasie Boachi und seinen Vetter Quamin Poco als Geiseln aus Afrika in die Niederlande verschleppen.

Zu ihrem Glück fand die holländische Königsfamilie Gefallen an den ebenso schönen wie klugen Prinzen und ließ sie sorgfältig erziehen. Vor allem der 1827 in der Aschanti-Hauptstadt Kumasi geborene Aquasie Boachi erwies sich als sehr begabt und lernte mit großem Eifer Niederländisch, Französisch, Englisch und Deutsch. Sein Wunsch, an der Technischen Akademie in Delft zu studieren, wurde denn auch erfüllt, und nach vier Jahren konnte er hier schon 1847 sein Examen als Bergingenieur ablegen.

Danach ging er an die Freiberger Akademie, um

seine Ausbildung zu vervollkommnen. Er fiel in seinen beiden sächsischen Jahren nicht allein durch sein Talent und seinen Fleiß, sondern auch durch sein sympathisches Wesen auf, das ihm neben seiner exotischen Herkunft und seiner königlichen Abstammung den Zugang zu den Familien der Professoren und des Oberberghauptmannes von Beust verschaffte. Vor allem Professor Bernhard von Cotta, den er auf mehreren Reisen begleiten durfte, nahm sich seiner an.

1849 hatte der schwarze Prinz sein Freiberger Studium abgeschlossen. 1850 nahm er eine Stellung als Bergingenieur auf der zu Niederländisch-Indien gehörenden Insel Java an, die ihm wegen seiner Hautfarbe viele Demütigungen einbrachte, woran er durch die gute Aufnahme in Holland und Sachsen gar nicht gewöhnt war. Auch erwiesen sich seine Vorgesetzten zumeist als wenig fachkundig, so daß er 1856 noch einmal nach Europa reiste, um sich beim niederländischen König zu beschweren. Von Den Haag aus machte er einen Abstecher nach Freiberg, wo er, wie er später bekannte, die schönsten Jahre seines Lebens verbracht hatte.

Nach seiner Rückkehr ließ er sich in Java als Pflanzer nieder und trug eine große Bibliothek zusammen. 1898 gab er seine Plantage auf und widmete sich die letzten Jahre seines Lebens, in denen ihn nun auch hohe Ehrungen erreichten, ganz seinen Büchern und dem Briefwechsel mit den Freunden in Europa, die von ihm mit Kaffee und Zigarren versorgt wurden, wovon in Freiberg noch lange nach seinem Tod die Rede war.

Als Aquasie Boachi am 9. Juli 1904 in dem holländischen Militärhospital Buitenzorg, dem heutigen Bogor, südlich von Djakarta starb, war seine Heimat längst britische Kolonie. 1874 hatten die Engländer seine Geburtsstadt Kumasi zerstört, 1896 ihre Kolonie Gold Coast errichtet und um die Jahrhundertwende den letzten Aschanti-Aufstand niedergeworfen. 1872 war ihnen der niederländische Stützpunkt an der Goldküste übergeben worden, nachdem Dänemark schon 1850 und Kurbrandenburg bereits 1717 ihre Niederlassungen aufgegeben hatten.

Die Pyramide in der Niederlausitz

Der Gartenkünstler Hermann von Pückler-Muskau
war auch ein bekannter Bestsellerautor

Hermann Fürst von Pückler-Muskau führte ein extravagantes und abenteuerliches Leben. Er unternahm ausgedehnte Reisen nach Frankreich, England und Nordafrika. Seine englischen Eindrücke sollten seine späteren Arbeiten als Landschaftsgärtner nachhaltig beeinflussen. Die 1834 in der Hallberger'schen Verlagshandlung in Stuttgart, der Vorgängerin der DVA, erschienenen »Andeutungen über Landschaftsgärtnerei« wiesen ihn auch in der Theorie als einen der bedeutendsten Landschaftsgestalter seiner Zeit aus, als »Goethe der Gartenkunst«. Es lag nicht allein am Thema, daß dieses Werk nicht so populär wurde wie seine vorher veröffentlichen Reisebeschreibungen: Ein koloriertes Exemplar kostete damals schon wegen der vielen Bildtafeln 80, ein einfaches 50 Taler. Heute werden die kolorierten Erstausgaben zu astronomischen Preisen gehandelt; das letzte in Deutschland versteigerte Exemplar erzielte einen Preis von mehr als 70 000,– DM!

Seine populären Bücher brachten dem fürstlichen Schriftsteller, einem der ersten Bestsellerautoren Deutschlands, höhere Honorare ein als jedem anderen deutschen Autor in der ersten Hälfte des 19.

Jahrhunderts, Goethe ausgenommen. Den literarischen Weltreisenden amüsierte selbst, »daß ich für meine Scharteken zwischen 30 bis 40 000 Taler bezogen habe, ich und in Deutschland, wo es Schiller und Herder und Jean Paul, selbst Vulpius (Goethes Schwager, von dem der äußerst erfolgreiche Räuberroman »Rinaldo Rinaldini« stammt – *UFP*) nie so weit gebracht haben, und Goethe erst am Ende seiner Laufbahn.«

Pücklers Großmutter war Olympia de la Tour du Pin-Montauban aus der Dauphiné, die einen Grafen Callenberg heiratete, dem in der damals kursächsischen Niederlausitz an der Neiße die Standesherrschaft Muskau gehörte, die »Männerstadt« der Sorben, die hier noch um die Jahrhundertwende die Mehrzahl der Bewohner stellten. Die Tochter beider erbte den riesigen, mehr als 27 000 Hektar großen Besitz mit einer Stadt, 43 Dörfern, sieben Rittergütern und zwanzig Vorwerken (er wird heute, wie der dortige Park, von der deutsch-polnischen Grenze zerschnitten); sie wurde 14jährig die Frau des Grafen Erdmann von Pückler auf Branitz bei Cottbus. Ihr 1785 geborener Sohn wird zuerst bei den Herrnhutern in der Nähe von Bautzen, dann bei den Pietisten in Halle und Dessau erzogen. Nach der Scheidung der Eltern studiert er Rechtswissenschaften in Leipzig, wird Rittmeister in Dresden, wo er bald als »der tolle Pückler« gilt, quittiert wegen eines Duells den Dienst und wandert zu Fuß über Österreich und die Schweiz nach Oberitalien.

Das Land fasziniert ihn, und er besucht es mit einem Freund zum zweiten Male. Diesmal kommt er

178

als mittelloser »Bettelgraf« bis nach Neapel, wohin
ihn ein Ausbruch des Vesuv und die Gräfin Gallen-
berg locken, Beethovens Liebe. Schließlich landet er
in Straßburg und geht von dort aus nach Paris, bis er
aus finanziellen Gründen nach Muskau zurückkehrt,
wo sein Vater 1811 stirbt. Der steinreiche Erbe sieht
Paris in der Uniform eines russischen Majors als Ad-
jutant des Herzogs Carl August von Sachsen-Weimar-Eisenach wieder, dem Freund Goethes, dem er
nach seiner ersten Rückkehr aus Frankreich seine
Aufwartung gemacht hatte. Bei Gefechten zeichnet er
sich mehrfach aus und wird, zum Oberstleutnant befördert, Gouverneur von Brügge. Nach der Nieder-
werfung Napoleons unternimmt er einen Abstecher
nach England, dann kehrt er nach Muskau zurück,
das auf dem Wiener Kongreß preußisch wird. »Es
war«, schrieb Otto Flake über diese Zeit, »als sei
E.T.A. Hoffmann in den Standesherren gefahren.«
Seine exzentrische Zeit brach an: »In Berlin erschien
er Unter den Linden in einem von vier Hirschen gezogenen Wagen, hielt an und vertiefte sich in ein Buch.«
 Hier sucht sich der 30jährige endlich eine Frau.
Zuerst schwärmt der ebenso hochmütige wie liebens-
würdige Edelmann für Schopenhauers Schwester
Adele, dann schwankt er zwischen der verheirateten
Tochter Lucie des preußischen Staatskanzlers Hardenberg und deren 19jähriger Pflegetochter Helmine.
Schließlich heiratet er 1817 nach deren Scheidung die
mehr als 40jährige Lucie, deren Vater Pückler zwar
nicht den begehrten Gesandtenposten, aber vor seinem Tode 1822 einen preußischen Fürstenhut verschaffte. Sein Vermögen vermachte der Kanzler zur

Enttäuschung von Tochter und Schwiegersohn seiner Geliebten. Der neugebackene Fürst hatte inzwischen in der Hoffnung auf Hardenbergs Nachlaß mit seiner Frau in Berlin und Muskau nicht nur ein großes Haus geführt, sondern auch begonnen, um sein Lausitzer Schloß herum einen riesigen Park von 604 Hektar anzulegen, für den selbst sein beträchtliches Vermögen zu klein war – mehr als sechs Millionen qm inszenierte Natur, für die Brücken gebaut, Wege geebnet, Rasen und Blumen gesät und große Bäume oft von weit her geholt wurden.

Um den auf eine halbe Million Taler angewachsenen Schuldenberg abzutragen, aber auch nicht als anspruchsloser Landedelmann seine Güter zu bewirtschaften, kam der mondäne Garten- und Lebenskünstler auf eine ausgefallene Idee: Er ließ sich 1826 von seiner Frau scheiden, versprach ihr eine Ehe zu dritt und sah sich zuerst in Berlin, dann in England nach einer guten Partie um, mit der er seine Kasse wieder auffüllen wollte. Den potentiellen Bräuten blieb die Absicht des Fürsten freilich nicht lange verborgen, so daß aus seiner Suche nach einer reichen Frau nur ein Buch wurde, das 1830 unter dem Titel »Briefe eines Verstorbenen« erschien und den anonymen Autor, dessen Identität sich rasch herumsprach, mit einem Schlage berühmt machte – nicht zuletzt dank einer ausführlichen Rezension von Goethe.

»Das Buch des fortschrittlichen Grandseigneurs«, erklärte Otto Flake den Erfolg, »erschien im rechten Augenblick, in den Erregungen der Pariser Julirevolution. Die Fülle der Impressionen, das Naturgefühl, die scharfe Kritik an den Tories und am Krämergeist, die

Parteinahme für den verfemten Byron und das unterdrückte Irland, die Beachtung der Armen, das Lob des gesunden Bürgertums sagten zu.« Pückler war nun wie Börne und Heine ein beliebter Reiseschriftsteller und sollte in diesem Genre der erfolgreichste Autor seiner Zeit werden. Angespornt von den hohen Honoraren seiner Briefe, die bald ins Englische und Französische übersetzt wurden und auch in Amerika erschienen, veröffentlichte Pückler 1834 gleich zwei Werke: die »Andeutungen über Landschaftsgärtnerei« und Feuilletons unter dem bezeichnenden Titel »Tutti Frutti« – fünf Bände mit politischen, phantastischen und autobiographischen Texten. Schon ein Jahr zuvor hatte er, wieder vergebens, in Hamburg und Paris erneut nach reichen Erbinnen Ausschau halten lassen.

Ende 1834 hielt es Pückler nicht länger zu Hause aus, wo er weiter mit seiner von ihm geschiedenen Frau lebte, und begab sich wieder auf Reisen. Über Paris und Marseille ging er zunächst nach Algerien und Tunis, dann in das von den Türken befreite Griechenland und von dort aus nach Ägypten, wo er – im Gepäck die Uniform eines preußischen Generals – dem tyrannischen Vizekönig Mehemed Ali seine Aufwartung machte, der sich gerade vom osmanischen Sultan emanzipierte. Fast sechs lange Jahre, in denen er auch noch Damaskus und Istanbul sah, ist Pückler unterwegs gewesen.

Der Ertrag dieser Reise waren Pläne für die deutsche Auswanderung und für deutsche Kolonien, aber auch Berichte für die von Johann Friedrich Cotta in Augsburg herausgegebene »Allgemeine Zeitung«, damals das bedeutendste Blatt Deutschlands. Und natürlich verarbeitete er seine Erlebnisse in Büchern: 1835 erschienen nach den »Jugendwanderungen« drei Bände »Semilassos vorletzter Weltgang«, 1836 fünf Bände »Semilasso in Afrika«, 1837 »Reminiszenzen für Semilasso von Homogalakto«, 1838 »Der Vorläufer«, 1841 drei Bände »Südöstlicher Bildersaal« und 1844 drei Bände »Aus Mehemed Alis Reich«.

Von seiner Reise brachte der Fürst nicht nur Manuskripte, sondern auch arabische Pferde und orientalische Bedienstete mit. Eine schöne Sklavin gab er als abessinische Prinzessin Machbuba (die Goldige) aus und führte sie in die aristokratische Gesellschaft Wiens ein. In Budapest war er, ganz nebenbei, zum Katholizismus übergetreten. Aus Marienbad kündigte er im September 1840 Lucie seine Rückkehr an und bat sie: »Nur sei vernünftig und herzlich hinsichtlich meines armen Pflegekindes.« Lucie riß sich zwar zusammen, atmete aber auf, als das erst 17jährige Mädchen, das die feuchtkalte Witterung der Niederlausitz nicht vertrug, bald nach ihrer Ankunft in der Rosenvilla des Muskauer Parks starb.

Der snobistische Romantiker ging nun auf die 60 zu und wollte nicht länger im Schatten des noch immer drückenden Schuldenberges leben. Deshalb entschloß er sich 1845 zum Verkauf seiner Standesherrschaft. Er ging erneut auf Reisen und zog sich danach auf den väterlichen Stammsitz Branitz bei Cottbus zurück. 1848 lehnte er die Wahl in die Frankfurter Nationalversammlung ab. Die ihm verbliebene halbe Million Taler benutzte er, um das alte Branitzer Herrenhaus von Semper umbauen zu lassen und nun auch in dieser völlig reizlosen Gegend, am Rande der märkischen »Streusandbüchse«, einen Landschaftspark anzulegen, ein 87 Hektar großes Gartenparadies am Oberlauf der Spree. Hier starb 1854 die Fürstin, seine zärtlich geliebte und doch immer wieder betrogene »Schnucke«. Als eigene Grabstätte errichtete sich Pückler in Branitz eine gewaltige Seepyramide und ordnete an, seine Leiche in Säure aufzulösen und verbleibende Skelettreste zusammen mit dem präparierten Herzen in einer Kammer dieser »Tumulus« genannten Pyramide beizusetzen.

Allmählich geriet der alternde Mann, der sich seit 1861 als »Durchlaucht« anreden lassen konnte und seit 1863 im preußischen Herrenhaus saß, ebenso wie sein literarisches Werk in Vergessenheit – nur nicht bei den Frauen und den Gartenliebhabern. So entwarf er noch den Babelsberger Park für den preußischen Prinzen Wilhelm, den späteren König und Kaiser; Napoleon III. holte seinen Rat für den Bois de Bologne ein, andere Fürstlichkeiten folgten seinem Beispiel. So entstanden unter seiner Anleitung die Anlagen von Ettersberg bei Weimar, Wilhelmsthal bei Eisenach und Altenstein bei Bad Liebenstein. Im deutsch-französischen Krieg von 1870/71, in dem er Bismarck respektieren lernte, zog er noch einmal seine Uniform an, wurde aber bloß als Gast im preußischen Hauptquartier geduldet. Am 5. Februar 1871 ist er schließlich 86jährig verstorben.

Nicht nur mit seinen Parks in Branitz und Muskau, auch nicht allein mit seinen »Andeutungen über Landschaftsgärtnerei« hat Hermann Pückler, dessen

Leben in einer seltsamen Mischung aus Elementen des aristokratischen 18. und des bürgerlichen 19. Jahrhunderts selbst schon ein Kunstwerk war, seine Zeit überdauert – sein Name ist auch gastronomisch populär geworden und geblieben: Neben Mozartkugeln, Schillerlocken und Bismarckheringen spielt das Fürst-Pückler-Eis nach wie vor eine Rolle – ein halbgefrorenes Dessert, das der Lausitzer Konditor Schultz nach seinem berühmten Landsmann genannt hat. Es heißt, der fast stets verschuldete und deshalb für Geld immer empfängliche Standesherr habe sich diese Namensgebung gut bezahlen lassen – ein durchaus moderner Zug des prominenten Kavaliers der alten Schule, der in E.T.A. Hoffmanns Novelle »Das öde Haus« und in Immermanns Roman »Münchhausen« noch zu Lebzeiten auch eine (nicht gerade sympathische) Gestalt der deutschen Literatur geworden war.

Dörfer, die keiner mehr kennt

Das einzige Denkmal für die »Bemme« entstand
jenseits der Lausitzer Neiße

Wer zwei zusammengeklappte, mit Butter bestrichene Scheiben Brot liebt, kann aufatmen. Denn er darf seiner Mutter oder seiner Frau weiterhin ungeniert sagen: »*Mach mer noch eene Bemme*« – ohne dem Geist der Zeit zu widersprechen, nach dem bekanntlich (fast) alles besser ist, was aus dem Westen kommt.

Das war so klar bisher nicht, weil die sächsische Bemme (1967 ausgerechnet in der Wiesbadener Brockhaus-Enzyklopädie, die schließlich Leipziger Vorfahren und Verwandte hat, fälschlich nur mit Brotschnitte übersetzt) lange Zeit auf slawische Ursprünge zurückgeführt wurde. *Pomazka*, die beschmierte Scheibe Brot, galt als ihre sprachliche Mutter. Aber im Gegensatz zur *Hitsche*, die tatsächlich eine Entlehnung aus dem Slawischen ist und jedem Westdeutschen als Fußbank erklärt werden muß, soll die Bemme aus Holland, Flandern oder dem Rheinland im Zuge der Ostkolonisation nach Mitteldeutschland eingewandert sein.

Auf den Westimport sind Mitarbeiter der Sächsischen Akademie der Wissenschaften zu Leipzig schon gestoßen, ehe die Messe- zur Heldenstadt wurde.

Statt die etymologische Sprengladung zu entschärfen, hat Gunter Bergmann sie im Schicksalsjahr 1989 in seinem »Kleinen sächsischen Wörterbuch« in die Luft gehen lassen und damit wahrscheinlich nicht wenig zur Wende beigetragen.

Unbemerkt von der offenbar doch nicht so effektiven oder nicht so intelligenten Staatssicherheit konnte Bergmann damals schreiben: »Viel eher leuchtet eine Herleitung aus dem Niederländischen ein: niederländisch *boterham*, Plural *boterhammen*, ›Schnitte Brot mit Butter, zwei aufeinanderliegende Butterschnitten‹. In den rheinischen Dialekten hat sich diese Zusammensetzung, boterham(e), wobei das Grundwort eigentlich ›hinteres (herabhängendes) Teil zum Beispiel an der Sense; Hinterschenkel, Schinkel‹ bedeutet – sicherlich als Kinderwort –, zu *Bamme, Bemme* entwickelt und ist von dort mit den Siedlern bis zu uns gelangt.«

Sachsen können demnach auch dann noch beim Frühstück sagen: »*Eene Bemme noch*«, wenn die Butter aus Bayern und das Brot aus Westfalen stammen, was ja in manchen Hotels, die etwas auf sich halten, zum guten Ton gehört. Das gilt selbstverständlich auch für Wurstbemmen, während man es sich als westlich ausgerichteter Sachse schon überlegen muß, ob man eine Bemme mit *Quark* verlangen soll: Dahinter steckt das slawische *twarog*, das sehr früh eingedeutscht wurde. Es läßt sich unschwer, wenn auch wohl unverständlich durch den erzgebirgischen *Matz*, den vogtländischen *Mutz* oder, soll es richtig westlich klingen, durch den bayerisch-österreichischen Topfen ersetzen.

Bei Bemme freilich kann es, wie gesagt, bleiben – falls man weiß, daß es sich um eine Doppelscheibe oder besser: zwei Schnitten handelt. Ihre westliche Verklärung könnte allerdings östliche Ansprüche erneut beleben und die Anerkennung der Oder-Neiße-Linie mindestens an der Grenze Sachsens in Frage stellen. Denn Deutschland hat ja nicht nur Ostpreußen, fast ganz Schlesien, den größten Teil von Pommern und den kleineren von Brandenburg verloren, sondern auch, was immer wieder unterschlagen wird, ein Prozent des sächsischen Vorkriegsterritoriums: fünfundzwanzig Dörfer, in denen vor 1945 auf 150 Quadratkilometern (was etwa der Größe des Fürstentums Liechtenstein entspricht) 25 000 Menschen lebten. Vom nördlichsten Ort, Reutnitz, bis zum südlichsten, Lichtenberg, liegen in der Nähe der Eisenbahnlinie von Görlitz nach Zittau Wanscha, Grunau, Trattlau, Schönberg, Blumberg, Rußdorf, Königshain, Neugersdorf, Maxdorf, Rohnau, Seitendorf, Dornhennersdorf, Weigsdorf, Kleinschönau, Zittel, Friedersdorf, Reibersdorf, Reichenau, Markersdorf, Poritzsch, Oberullersdorf, Sommerau und Wald-Oppelsdorf – so hießen sie jedenfalls, als sie noch sächsisch waren. Die größte Ortschaft ist das von Webereien und Färbereien geprägte Industriedorf Reichenau mit knapp 7000 Einwohnern und eigenem Amtsgericht gewesen.

Der Bahnhof Tauchritz ist die vorletzte deutsche Station der Eisenbahnlinie Görlitz–Zittau; südlich davon führt sie zum ersten Male über die Neiße und verläuft dann auf polnischem Gebiet durch das gebirgige Flußtal, bis sie kurz vor Zittau abermals die

Neiße überquert und auf deutschem Gebiet endet. Das in der Nähe liegende Poritzsch – im Dreieck zwischen der Bahnlinie ins böhmische Reichenberg und der (nach 1945 demontierten) Kleinbahn in die ebenfalls böhmische Wallenstein-Stadt Friedland – war nach dem Ersten Weltkrieg von Zittau eingemeindet worden, so daß diese Stadt heute wie Görlitz zweigeteilt ist.

Im jetzt polnischen Teil, der wie die ganze Ober- und Niederlausitz 1635 kursächsisch wurde und es auch nach den Gebietsabtretungen von 1815 an Preußen im Gegensatz zur Region Görlitz und der Niederlausitz blieb, liegen alte Burgen wie Rohnau und so schöne Schlösser wie Reibersdorf und Joachimstein. Reibersdorf, 1763 vom Dresdner Kabinettsminister Graf Johann Georg Friedrich von Einsiedel begonnen, galt als Spätling des sächsischen Rokokos und war einst Mittelpunkt einer ehedem böhmischen Standesherrschaft. Älter ist das 1728 geweihte Damenstift Joachimstein, das der Kammerherr Joachim Siegismund von Ziegler und Klipphausen für unverheiratete Töchter des evangelischen Adels errichten ließ und seinem Fürstenhaus schenkte, das es nach 1918 an den Freistaat Sachsen weitergab. Schloß und Park gehörten zu den prunkvollsten Gebilden des deutschen Barocks; man vermutet die Mitarbeit von Daniel Pöppelmann, Johann Christoph Knöffel und George Bähr.

Joachimstein, das wie Reibersdorf *nach* dem Krieg schwer gelitten hat, ist der einzige Bau der augusteischen Epoche, der in dieser Zeit innen und außen vollendet wurde. In seinem einst mit Putten gleichsam übersäten Park wurde das einzige Denkmal für die Bemme aufgestellt. Was haben unsere polnischen Nachbarn von dem »Knaben mit dem Butterbrot« – so nennt ihn Otto Eduard Schmidt 1930 verschämt in seinen »Kursächsischen Streifzügen« –, wenn die Bemme nach neuesten Erkenntnissen mit Pomazka gar nichts zu tun hat? Vorausgesetzt natürlich, der Knabe, möglicherweise ein Werk des Dresdner Hof-bildhauers Johann Christian Kirchner, hat sowohl die Hollandisierung seines Frühstücks als auch vorherge-hende Fährnisse einigermaßen heil überstanden...

Zu den Geschichten

Etliche Beiträge dieses Bandes stammen aus der mitteldeutschen Wochenzeitung »Sachsen-Spiegel«, die von 1990 bis 1991 ein kurzes Leben gefristet hat. Sie sind dort teilweise unter Pseudonymen wie Ludwig Degenkolb, Ingrid Hoesler, Klaus Keßler, Hans Tanner und Karl Hermann Weck erschienen. – Andere Beiträge wurden zwischen 1987 und 1997 in der Engelhorn-Bücherei veröffentlicht, mehrere ebenfalls unter den erwähnten Pseudonymen. – Der Beitrag »Sind Sachsen begabter als Schwaben?« basiert auf einem Vortrag, den der Verfasser am 12. April 1994 vor der Württembergischen Bibliotheksgesellschaft in Stuttgart gehalten hat. – Die Beiträge über Eike von Repgow, Martin und Katharina Luther, den Fürsten Pückler-Muskau, Sachsen-Thüringen, die Wettiner, den Schwabengau am Harz, die Russische Treppe in Dresden, das Meissener Porzellan und das Weihnachtsland wurden eigens für diesen Band geschrieben. – Auch die schon an anderer Stelle veröffentlichten Beiträge sind für diesen Band durchgesehen, überarbeitet und aktualisiert worden.